JN439886

청어詩人選 194

화양강에 달이 뜨면

강정식 시집

도서출판 청어

화양강에 달이 뜨면

강정식 시집

발 행 처 · 도서출판 **청어**
발 행 인 · 이영철
영　　업 · 이동호
홍　　보 · 이용희
기　　획 · 천성래
편　　집 · 방세화
디 자 인 · 이해니 | 이수빈
제작이사 · 공병한
인　　쇄 · 두리터

등　　록 · 1999년 5월 3일
(제1999-000063호)

1판 1쇄 인쇄 · 2019년 8월 20일
1판 1쇄 발행 · 2019년 8월 30일

주소 · 서울특별시 서초구 남부순환로 364길 8-15 동일빌딩 2층
대표전화 · 02-586-0477
팩시밀리 · 0303-0942-0478

홈페이지 · www.chungeobook.com
E-mail · ppi20@hanmail.net
ISBN · 979-11-5860-684-8(03810)

이 도서의 국립중앙도서관 출판시도서목록(CIP)은 서지정보유통지원시스템 홈페이지(http://seoji.nl.go.kr)와 국가자료공동목록시스템(http://www.nl.go.kr/kolisnet)에서 이용하실 수 있습니다.(CIP제어번호: CIP2019030115)

이 책은 홍천문화재단 기금으로 일부 제작되었습니다.

화양강에
달이 뜨면

강정식 시집

시집을 내면서

오래전 일이다.
습작 시절, 독립적으로 두 권의 시집을 낸 바 있다.
등단 후, 첫 번째 두 번째 책을 냈다.
그럼 이번이 세 번째가 되는 건가,
아니면 다섯 번째가 되는 건가?

시는 쓸수록 어렵다.
하긴 나의 감성을 독자에게 전달한다는 것이
그리 쉬우랴!
여기에 수록된 작품 대부분은
문학지나 단행본에 이미 발표했던 것들을 묶었다.

아내가 하늘나라에 간 지 올해로 육 년째다.
너무 보고 싶고 그립다.
혼자 사는 나를 지극정성으로 보살펴주는 자녀들과
외며느리에게 이 시집으로 고마움을 표한다.
또한 이 책을 발간하기까지 애써주신
모든 분들께도 감사드린다.

2019년 8월 무더운 여름에

홍파 강정식

차례

1부 가족이란

2부 운명과 숙명

3부 일상의 안과 밖

4부 자연의 섭리

5부 여행, 그 즐거움의 여정

1부

가족이란

가족

이런저런 사람들의 입에서
가족 얘기가 나오면
난 슬그머니 귀를 막는다
나도 그 전엔 가족이 있어
곧잘 이야기 속에 끼였는데
어찌하여 지금은 나 혼자뿐인가
애들은 뿔뿔이 흩어져
여기저기서 살고
가끔씩 만나는 것이
큰 낙이라네

한 세대

핏줄이
태어나면
나는 뒤쪽으로
한 세대 물러난다

아이의 아이가
또 태어나면
나는 저만치 훌쩍
밀려난 후
이런저런 눈치 보다가
슬며시 다시 오지 않는
먼 우주여행을 간다

주머니

여섯 살짜리
유치원생 손주의 옷
어멈이
빨래를 하려고
볼룩한 주머니의
내용물을 꺼내보니
왼쪽엔 콩나물
오른쪽엔 시금치
아범의 식성을 그대로 닮아
이걸 어쩌나

콩나물

모든 게 부족해
가난을 옆에 끼고 살 때
콩나물은 우리 식탁에
자주 오르는 부식이었고
지금도 서민이 즐겨 찾는 반찬이다
콩나물 먹고 자란
서민의 자식들 이제
밥술이나 먹게 됐다고
어머니의 손맛이 그대로인 콩나물에
눈길 한 번 안 주는구나

반찬 값

글을 써서
돈벌이를 한다는 것은
현실적으로 대단히 어려운 일이다

물론 잘나가는 작가들이나
드라마 대본 쓰고 졸부의 회고록
전기나 쓰는 분들이야
잘나가지만
대부분의 시인이나 소설가들은
본업에 생명줄을 걸고
부업으로 글을 쓴다

작품을 읽어주는 독자는 흔치 않아도
내가 쓰고 싶어서 쓴다

퇴직 후에도
먹고 살기에는 지장이 없었고
자녀들 다 키워 번듯한 직장 가졌으니
최소한의 생활비 걱정은 없는데
왜 글을 써야 하는지

아내의 말대로
반찬값도 안 나오는데

가계부

책을 정리하다가
오래된 아내의 가계부를
보았다

지금은 내 곁에 없는
그의 가계부
빠듯한 월급에서
요리조리 아껴 쓴 흔적
콩나물 시금치 달걀
시청료 전기료 애들 용돈

더 쓸 돈이 없어서
더 적지 못했구나

사랑하는 사람 앞에선

진정으로 사랑하는
사람 앞에선
사랑한다는 말을 못 한다

못 하는 게 아니라
말이 나오질 않는다

수줍기만 하고
얼굴을 붉어지고
말은 더듬거리게 된다

겉으로 사랑하는 사람 앞에선
기꺼이 그대 사랑한다고
쉽게 말하지만
정말 좋은 사람 앞에선
사랑한다는 말이
안 나온다

첫사랑

얼굴이 화끈거리고
가슴이 울렁거린다
직접 만나게 되면 제대로
말도 못하고
이유 없이
쑥스러워지는 내 모습
먼 훗날 된 지금
알고 보니 그것이
첫사랑이었나 보다

저녁때 집 떠나는 애들

한 집에 산다면
아침에 집 나서고
해지면 집에 돌아오는 것이
응당한 일인데
분가해서 먼 곳에 사는 애들
아침에 왔다가 저녁때
집 떠나는 걸 보면
마음이 허전하구나
어릴 때 애들은 아침에 집 나갔다가
해지면 어련히 귀가 하는데
어느새 다 자란 애들
제 살길 찾아 먼 곳에 살고
가끔씩 집에 손님처럼 왔다가
훌쩍 떠날 때의 그 섭섭함
밤하늘의 저 별들은
알고 있을까

혼자서 사는 집

텃밭에는
자주색 감자 꽃이
작년과 똑같이 피고
봇들 논에는 벼가
가지를 치고 있는데
변한 건 아무것도 없는 집에
나 혼자서 산다
내 옆에서 늘 잔소리하던
그 사람도 가고
초여름 뻐꾸기만
앞 뒷산에서 누구를
그렇게 애타게 부르나

나 혼자다

원래 사람은
혼자다

가족이 있긴 하지만
그들은 들러리

혼자 살다가 혼자 가는 것
아쉽지만 어쩌나
이럴 수밖에 없는 것이

처음부터의
약속인 것을

사랑이란 말

남들은
사랑이란 말을
참
쉽게들 한다
난
그 말을 먼먼 곳에 간
아내에게도
해본 적이 드물다
시방은 한다 해도 피이
웃고만 있을
당신

그리운 사람들

그리움이 없는 사람이 있을까?
눈 뜨고 안 보이지만
눈 감으면 떠오르는 그 사람들

지금은 생각조차 못한 일인
먹을 게 없어 굶주리던 때
떨어진 바지저고리 기워 입고
바닥이 다 닳아서 거죽만 남은 신
이불이 없어 왕골자리를 덮고 잤지
그때의 사람들이
몹시도 그리운 사람들이지

우리는 이제 잘 사는가?
꼭 바라는 것은 없지만
지극정성으로 열심히 해야 할 일도
이제는 없고
그때 그 사람들이 살다간 흔적들을
찾아보고 그리움도 덧칠하고
그냥저냥 살다보면
나도 그 어떤 이에게 그리움의
대상이나 되려는지

운동장에서

파란 잔디 위에서
손주와 뜀박질 내기를 했다
작년엔 내가 이겼는데
올해는 지고 말았다
내년엔 꼭 이기겠다고 하니
내기를 지켜보던 아내는
빙그레 웃으면서
잘 해보라고 한다

내 곁을 떠난 사람들

사람이라면
누구에게나 곁에 있다가
다시는 돌아올 수 없는
먼먼 곳으로
떠난 이들이 있다네
그네들의 사연이야 다 있겠지만
그것은 중요하지 않다네
다만 내 곁에서 떠나
또는 만나지도 못하고
볼 수도 없는 이들이기에
더욱 그리움만 잔뜩
안겨준 걸

밥상머리

단순한 가정에서
오순도순 사는 사람들은
한 식구들의 소중함을 그리 느끼지
못하지만
집 떠나 혼자 살면
그 적적함을 어디에 비할까
집안마다 식구 수는 줄어드는데
가구 수는 점점 늘어만 가고
방상머리서 하는 어른들의
일상의 잔소리는
말해 줄 사람도 들어 줄 식구도
아무도 없다네

다시 적막 속으로

낮에 왔던 애들이
밤이 되니 다 떠났다
자기네 집으로
한 집에 모여 살던 때는
옛이야기
직장 따라 떠났으니
내게는 얼마나 좋은 일인가
그런데 말이지
외출했다 돌아오면
왜 그리 쓸쓸할까?
겪어 본 사람만이
알리라

기억의 정리

애들은 다 커서
세간나 살고
추억이니 뭐 그런 것들
서랍 속에 가득한데
그걸 꺼내
차근차근 보고 나니
살아온 지난날들이
어제오늘 일처럼
새롭게
느껴진다

사진

육십 년도 넘은
아주 작은 흑백사진부터
최근의 사진들을 정리하는
과정에서
난 사진 속의 나를 본다

사람이 살다보면
짜증스럽고 괜히 마음 심란할 때
옛 사진 한 장 꺼내 보면
한결 마음 가라앉고
슬며시 웃음 나느니

사진 속에는 유년의 모습과
나와 너의 학생 때 그 싱싱했던
모든 것들이 고스란히 담겨있구나

지금은 이 세상에 없지만
늘 같이 있던 사람들의
사진 앞에서 말하느니
유한의 시간 속에서
사진은 한순간을 영원히 지킨다고

추억

종이 한 장에서
그의 마음을
어렴풋이나마 읽을 수 있을 때는
오랜 세월이
흐른 뒤였다

현실과 가상의 세상에서
산다는 것은 사람의 원죄의 일부
어제와 오늘은 의무로 살고
내일과 모레는 이상 속에서
포근하게 산다

천상에는
내 곁을 떠난 사람들
그들이 남기고 간
그 많은 사연들의 소식을
얼마나 궁금해 하고 있을까

아버지와 산

할아버지가 심어둔 소나무 밑에서
아버지는 송이를 따고
어머니는 산나물을 뜯었다
그 자녀는 배낭을 지고
산등성이를 오른다
단풍이 안 들어도 붉기만 하던 산
풀 한 포기도 제대로 못자라고
비 오면 더욱 더 속살을
하얗게 드러내던 산
이제는 흑백 사진에서나 볼 수 있을까
할아버지는 사방공사에 동원 돼
오리나무와 잣나무를 또 심고
아버지는 그것들을 자식처럼 가꿔서
오늘의 저 푸른 산을 이뤘네
산이 사람에 주는 혜택은 얼마나 될까
수치로 가늠 할 수 없을 정도겠지
할아버지와 아버지 이외
또 다른 이들의 피와 땀방울로
가꿔지는 숲속에서 나는
짙은 송이 향기와 곰취의 쌉쌀한 맛
그분들이 남긴 영원한 선물이네

아버지와 지게귀신

당신에게는 늘
지게귀신이 붙어 다녔지요
그 무거운 콩 팥 가마를 지고
수십 리 고갯길을 넘었지요
귀신이 아니면 못 할 일을
쉰이 넘어도 지게꾼 일을 하고
그 후엔 리어카 끌기를 수삼 년
가족의 생계를 책임져야 했던
당신께선 오직
자식 잘되는 게 희망이었지요
흡족할지는 몰라도
최선을 다해 산 자식은
괜찮은 직장에 취업도 하고
손자 손녀 당신의 품에 안겨드렸지요
그때가 당신께서는
극락이고 천당이었지요
이 세상 모든 아버지들은
지게귀신도 무서워 할
힘을 가지셨지요

외로움

땀띠 난 등가죽에
연고라도 발라야 하겠는데
왼손 오른손이
닿지를 않는다
이럴 때
누구라도 옆에 있다면
평소에 아등바등 하던 사이라도
그의 손
빌리고 싶은 이 순간이지만
내 주변엔 아무도
없고나

그저 그래요

맛있는 음식도
볼거리 많은 관광도
아름다운 꽃도 고운 음악도
같이 있는 사람이 없으면
그저 그래요
어딜 가자면 안 가고 싶고
가서 오자면 오기 싫은
투정 부리고 싶은 마음
몽리를 부리더라도
그럴 상대가 있어야
하잖아요

당신은 갔지만

먼먼 나라로
다시는 올 수 없는 길
갈 수는 있지만
올 수가 없는 곳
사람들은 말하지요 간 사람은 갔지만
산 사람은 살아야 한다고
나는 이 말대로
잘 사는지 못 사는지는 몰라도
여섯 해를 살았다오
이 세상 사람들
언젠가는 당신이 있는 곳으로 다들
가겠지만 그 순서가
다를 뿐이라오

편지

요즘 세상에
편지는 웬 편지
먼먼 미지의 하늘나라에 간
당신에게
전화가 통하지 않아
편지라도 해볼까하나 그 또한
되지 않소 당신이 간지 여섯 해
지난봄과 초여름에
당신과 아주 친하던 두 사람이
그곳으로 갔지요 이제 셋이서 모여
화투라도 치면서
이승의 소식을 듣구려
당신이 그렇게도 귀히 여기던
손자들과 외손자 손녀들은 다 커서
초 · 중 · 고 · 대 생들이 됐다오
난 그럭저럭 잘 먹고
잘 자고 있답니다

난 뭐냐?

집에서 아침저녁으로 난
말할 상대가 없어
혼자 우두커니 있을 때가 많다
무얼 생각하는지조차
모르겠다 다만 앞뒤 정원의
숲속에서
까치와 까마귀와 참새들이
무엇이 그리 좋은지
재잘댈 뿐이다
오늘 아침에도 변함없이
동쪽 문으로 햇빛이 방 안을
가득 채운다

다문화 가족

많이 서툴러서
의사소통이 미흡한
동남아의 아낙네들이
이웃으로 시집을 왔다
아무리 교통이 발달했어도
비행기 타고
몇 시간을 와야 하는
낯선 이국의 생활이다
말도 풍습도 다른 여건 속에서
오직 남편의 따뜻한 마음만이
그나마 위안일 텐데
과연 현실은 그러할까
살림 배우고 자녀 낳고
정 붙이고 살다보면
새로운 꿈의 세상이 이뤄지겠지

다문화 가족 아이

얼굴색이 다르다고
놀림 받던 시대는 가고
늦게 배운 말
더듬거린다고
손가락질해도 수줍지 않다
오히려 어머니 나라말
하나 더 하는 걸
자랑해야지

제사 · 1

한 해에
줄여서 지내는 데도
여섯 번의 제사를 모신다
조부모와 두 번의 명절과
애들의 어머니와
간단하게 차린다면서도
제상 위에는 늘
제물이 가득하다
정성들여 마련한 음식을
혼령들께선 맛이나 보고
가시는지
후손들의 배례를
받고는 있는지

제사 · 2

돌아가신 조상님께
일 년에
세 번의 제를 올린다

집안마다 제례법이 조금씩 다르고
예법도 그렇다

차린 제물 앞에서
꾸벅꾸벅 절을 하지만
인기척 없는 조상님들은
흠향도 자제하시는지
조용하기만 한데
향불만 모락모락
타오른다

제사 · 3

제사는 자식으로서의 도리다
내 아버지의 아버지까지는
특별한 집안이 아닌 이상
제사를 모신다

후손들이 조상님들께 드리는
예의 중에 하나다

제물을 장만하는 데는
삼색 과일과 세 가지 나물과 포와 제주
메와 탕이면 되고
그 외의 음식들은
지관들을 위한 음식들이네

종가댁이나 장손 집안은
여인들의 수고가 이만저만이 아닌데
어떤 집안은 제사 안 모시려고
신앙을 바꾼다네

제사는 정성인데 억지로 지내면
안 지내는 것만 못하느니
제물에 관여치 말고
성의를 다하면 된다네

형의 시범

두 돌을 지낸
세 살배기 손주가
오줌을 가리기 시작했다
잠지를 쥐고 쉬를 하는데
오줌이 나오지 않는다

나는 쉬 쉬를 연달아 해봤지만
오줌은 나오지 않는다

네 돌을 지낸
다섯 살배기 큰 손주가
화장실에 불쑥 들어오더니
"아가야 이거 봐
쉬는 이렇게 하는 거야"
아주 근엄한 얼굴로
잠지를 꺼내 들고는 동생에게
쉬 하는 시범을 보인다

이런 모습들이
형제가 크는 한 과정이고

사람들이 살아가는
보람의 현실이다

측은한 마음

어두워 집에 들어와도
반기는 이 아무도 없으면
누구나 마음이 측은하다

살아오면서
잊지 못한 사람들
가슴에 담고 있으면
그 또한 측은하다

이 세상에 운명과 숙명을
비키려는 자를 보면
측은하다

유년의 길

현실이 아닌
먼 기억 속에만 있는
오이와 수박과 참외밭
지금은 비닐하우스 보호막이
추억마저 가려버리고
계절이 따로 없이
딸기도 나고 과일도
나는구나
품앗이 농사일 할 때
잠시 쉬기도 하던 원두막
그곳에서 먹던 점심은
꿀맛이었다
인심과 정은 말라가고
인정과 믿음도 떠나가는 요즘
농부를 대신한 동남아의 젊은
계절 근로자들의
낯선 말소리만
들리는구나

외도

나는 지금까지
두 번째 외도를 하고 있다
첫 번째는 숫자로
반평생을 살았고 그 다음은
부동산 중개업을 하고 있으니
이것이 두 번째다
은행일 볼 때 기관지에
습작시를 더러 써 봤지만
시 같은 시 제대로 못쓰고
아라비아 숫자와의 싸움으로
마음과 혼이 굳어졌네
퇴직 후에도 시와는 거리가 먼
땅장사꾼을 했으니
이래저래 시와는
거리가 먼 직업이었네
내 생애 중 외도의 길은
필연적이며 의도적이네

이웃사촌

아버지 형제들의 자녀들이
사촌들인데
가까이 안 살아서 그런지
이웃만도 못할 때가 많다

한 세대만 올라가면
한 탯줄의 피붙이인 걸
하기야 친형제들 간에도
의리 없는 사이들이 얼마나 많은가

백의민족을 들먹이지 않더라도
그대들의 먼 조상들이
우리의 선조들인데
사촌이든 이웃이든 간에
일상에 대하여 대화하고
자고나면 또 만나
얼굴 보고 환하게 웃는 사이
모두가 이웃들이라

기다림의 끝

누구를 기다린다는 것은
그 사람이 꼭 온다는 확신에서
기다리는 거다

누구를 기다린다는 것은
아름다운 일이다

기다린 만큼의 시간이
만남의 기쁨을 더 크게 하지만
만남이 허사가 된다 해도
그뿐이지

내 곁을 떠날 때는
손사래 한 번으로 충분했지만
다시 그대를 만날 때는
안개 낀 오솔길에
햇빛을 뿌릴 거다

까치 한 마리

울 안에 있는 밤나무
오늘은 까치가 한 마리만
앉았다

다른 때는 늘 두 마리였는데
왜 혼자일까?

까치 문중에 모임이 있나
아니면 오던 중에
변고라도 생겼나

모이를 보면 둘이서 그리도
다정했는데
지금은 입 다물고 내 눈치만 보다가
날아간다
좋은 소식 못 전해
미안하다며

2부

운명과 숙명

쾌락 뒤에 오는 것

오직 나만이 알고
아직까지 그 누구에게도
얘기하지 않은 일상의 것들 중에서
지극한 쾌락을 얻고 그 다음에
늘 후회를 하는 것은 당연한 일인가

사람들에겐
한 가지의 비밀을 가지고 있지
그것이 대수롭지 않더라도
괜히 부끄럽고 계면쩍어서
드러내 놓고 얘기할 수 없구나
공개되기 전의 버나드 쇼 유언장처럼

사람들이 가진 것들 중에는
세상에서 가장 간사스러운 것도
우직스럽고 미련한 것들도
고치지 못 하는 것은
운명과 숙명의 테두리를 못 벗어서인가

절망만은 하지 말자
모두가 다 지나갔다 하더라도
문창호지의 문틈이나 바늘구멍으로
빛이 스며들 듯이
쾌락은 한순간의 후회를 남기니

존재와 멸실

잊혀져가는 것들은
있었던 것들이 사라지는 것이다
그것이 물질이던 정신적이던 간에
세상에 존재했던 것들이
우리의 주변에서 슬며시 없어지고
그 대신 새로운 것들이
무수히 나타나네
글씨를 잘 쓰던 필경사도 잽싼 손놀림의
타자수도 전화국 교환수도
이제는 볼 수 없네
청빈을 내세우던 선비도
이념적 사상의 논쟁도 퇴색하고
원칙은 멀어지고 변칙과 반칙이
관행이라 통용될 때
정의란 존재는 멸실되고 마네

바보거나 성인이거나

그는
분명히
외롭고 고독하거나
둘 중 하나인데
그렇게 살지 않는 것을 보면
바보거나
성인일 텐데
둘 다 아닌 것을 보면
이상한 생각이 든다
모든 사람들은
일정한 시간이 흐르고 나면
운명이나 숙명이 나가오는 것은
누구에게나 똑같은 것
다만 먼저냐 나중이냐
그 순서만 다를 뿐

허영심

속이
텅 빈
사람일수록
겉모양을 더 낸다
허울이 아무리
멋있어도
머리에 든 것이 없으면
모두가 거짓인 걸

평등

옷을 벗으면
똑같은 사람들
남녀의 체형은 다를지언정
몸통은 누구나 같네
눈(目)에 보이지 않는
영혼 속의 마음들은 어떨까?
겉으론 그럴싸한 이유로
많은 것들을 감추고 있지만
속으론 다르다네
속으론 속으로는

함성

전라도 고부에서 일어난
분노에 찬 농민군은
그 세가 하늘을 찌를 듯
장하였으니
관군의 총공격으로
강원도 홍천군 서석면 풍암리
진등고개에서
장렬히 최후를 맞았는데
백여 년 전의 일이지만
엊그제 일만 같다
나라를 다스리는 사람들이
제 욕심만 부리다 정치를 잘못해
선량한 사람들만 죽어가고
결국 망국의 그늘아래
피맺힌 함성은
고양산 메아리로 살아 있구나

도둑과 사기꾼과 죄인

나는 가끔 법을 어겨도
죄는 안 지으려고 안간힘을 쓴다

자동차로 속도위반을 하면
벌과금을 낸다
잘못이 사면되는지

한가한 시골길 가다가
아무도 없는 데서 급한 소변보기
이것도 사실은 경범죄에 걸리는 것

세상 살다보면
법으로 정할 수 없는 금지된
일들이 많은데
도둑놈과 사기꾼과 죄인
여기에 한 가지라도 해당됨이
그대는 있었는가

순수

홍천의 석암자
뜰에서
“걸어 다니는 부처님은
어디 있어요?”
네 살짜리 손자가
스님에 대해 묻는다
모든 게 궁금한 그의 눈에는
스님도 부처님으로
보이는가 보다

시간의 흐름

존재의 사실은
내가 그 시간 속에
있다는 것이고
현재의 일상은 멈추지 않고
자꾸만 가는데
눈앞에 아른거리는
상황들이 너무 복잡하구나
삶과 죽음에 대한
명쾌한 정의가 안 내려진
이 시점에서
나는 시간 속에
갇혀 있을 뿐이다

공자님 말씀

공자님의 제사상에는
모든 제물들이 날것들이고
우리의 조상님들 상에는 과일과 포 등
몇 가지를 빼고는 익혀 놓은 음식들이다
그러면 공자님은 생식을 하셨단 말인가
유교의 근본은 인·의·예·지·충·효로
아무리 시대가 변했어도
진리는 그대로 있어야 하는데
공자님 시절에 없던 물질문명의 발달로
요즈음은 많이 변했나 보다
유교를 숭배하는 유림들도
그 삶을 자세히 들여다보면
말씀과 행동이 일치하지 않는게 더러있는데
이럴 때 공자님께서 말씀 한 마디쯤
단단히 하셔야 하지 않을까?
제상에 올리는 제물이 생식의 이유도 같이

축제는 끝나고

어떤 축제든 간에
한마당 잔치가 끝나고 나면
그 자리엔
신문지와 비닐봉지가 날리고
아쉬움 가득 찬
빈자리만 남는다

조금 전까지도
그 많은 사람들이 춤추고 떠들었는데
지금 다들 어디에 있나

가야 할 사람들 가고
있어야 할 사람들도 가고
남는 건 소슬바람뿐
축제가 끝난 광장엔
어디서 날아왔는지
마른 가랑잎 하나 뒹구는구나

빛에게 물어보자

태어나서 내가 알게 된
가장 가깝던 그 사람들은 가고
더러는 만나지 못하는 곳에 살고 있네만
보고 싶을 때는
빛을 타고 오는 모습이 가끔씩
내 영혼을 흔들어 놓고
홀연히 떠나는구나

목소리 듣고 싶으면
개울가에서 물 흐르는 소리 대신 듣고
그래도 그리우면 꿈속에서나마
만날까 이른 저녁잠을 청해본다

변덕스런 계절에
봄인가 싶으면 여름이고
가랑잎 날리는 가을이 오기 전에
겨울이 성큼 다가와
나에게 주어진 남은 날이 많지 않음을
넌지시 귀띔해주느니

사람에겐 누구나 소망을 품었다가
누구는 이루고 또 누구는
영원한 숙제로 남고
그것들이 인정하지 않는
빛에게 모든 것을 물어봐야지

톱질

당기고 밀며
나무를 자른다
내 앞으로 쌓이는 톱밥만큼
나무는 토막으로 잘리고
다시 목수 앞에서
어딘가 쓰임을 위해
침묵의 시간을 갖는다
톱은 나무를 자르기 위한
도구에 불과하나
그 톱에 잘린 나무는
사람들의 일상을 위해 쓰이고
톱은 또 다른 나무를
자르기 위해
대기한다

야시대리 자유수호전적비

옥수숫대
낟가리 속에선
밖을 향해 총구를 겨누고

옥수숫대 낟가리 밖에선
안을 향해 총검을 찔렀다

목이 반쯤 떨어지고
몸통이 찔렸다
누구를 위해 무엇을 위해
젊은이들이 목숨을 내놨나

반백 년이 훨씬 넘은 지금
물소리 바람소리
새소리만
간간히 들리다

거울은

거울 앞에 선
겉모습을

있는 그대로
보여준다

가슴속과 머릿속까지도
그대로 보여준다면
거울 앞에 선
모두가 거울이 되겠지

만찬

아직 덜 죽은 지렁이
한 마리를 놓고 개미들이
새까맣게 붙어서
제 몫을 챙긴다
지렁이는 꿈틀대고
개미들은 모여들고
생존의 법칙 따지기 전에
죽음과 만찬의
시작이다

하느님 맙소사

온 나라 안을 떠들썩하게 하고
그분은 다녀갔다
신도가 아닌 사람들에게도
신비하게 비친 저 서양의 인자한 분
조선의 성리학이 한창인
이백삼십여 년 전에
유·불교밖에 없어
죽어서 천당 가는 길을 많은
순교자들이 알려주고
그들은 앞서 신의 품에 안겼다
천당 극락 지옥과 연옥은
어디에 있는가
살아서 그 강한 믿음은 과연
어디서 오는 걸까
새로운 믿음이 예까지 오는 동안
수백 년 전 우리네 조상님은
하느님을 찾았다 그 하느님이
어떤 하느님인지는 몰라도
요즘 내 신상과 주변에
극복하기 힘든 일들이 생겼으나

어찌할 도리 없네
하느님 맙소사 하느님 맙소사
기도나 주문만 외울 뿐

이혼하는 사람들

왜 이혼을 하느냐고
물으면
대부분 성격 차이라고들 한다
성격은 처음부터
안 맞는 게 맞는데

여자와 남자가 맞을 리 있나
자라온 환경 등등……

물론 짧으나 기나 살다보면
긴박하게 이혼할 사유가 있지만
흔히 이유로 대는 성격은
차이는 핑계일 뿐
어지간하면 서로 맞춰 가면서
사는 게 어떨지

중환자실

침대마다 누워있는
환자들은 한결같이
고무호수를 코에 끼고
가쁜 숨을 몰아쉰다

저들도 한때는
세상살이 무섭지 않다며
펄펄 날던 사람들인데
지금은 온몸 꼼짝 못하고
이승과 저승을 오가고 있구나

몸이 멀쩡할 때는
재산이 많든 적든
권력이 있든 없든 간에
그건 아무 문제가 되지 않는다
지금 이 순간의 소원은
덜 아프고 덜 괴롭고
견딜 수 있는 만큼의 고통을
바라지 않을까?!

아픔이란

내 몸 중
육체이든 정신이든 간에
아파본 사람만이 안다

살아오면서
단 한 번이라도
안 아파보았다면
그는 보통
사람이 아닐 것이다

아프기 전 조심하고
예방하고 살아가야지
그게 내게 주어진
한 번뿐인
삶의 길인 걸

왜 사는 건지

하루의 일상
똑같이 반복하면서
어제도
오늘도
내일도 그렇겠지
신문에 난 오늘의 운세가
똑같지 않고
쓴맛을 봐야
단맛을 더 느끼는데
변화 없이 늘 미미한 생활
도대체 왜 사는지
나도 몰라라

왜 사는가요

잘 먹고
잘 자고
잘 싸고
취미생활하고
의리와 도리 지키며
가끔은 좋은 일도 하며
자연의 이치에 순응하고
주변에 해 끼치지 않고
산다면 그게
내가 사는
이유 중에 하나지요

이유

하긴 그렇긴 해
나도 아무리 생각해봐도
왜 살아왔고 살아가는지
알지 못 하면서
일상에 부대끼며 그냥 사는 거지
사람들이 어떤 계획대로 그게
다 이뤄진다면
과연 행복이라 할 수 있을까
지금 이 순간의 연속과 변화가
있는 한 나는
살아 있는 거지

그렇게 사는 거지 뭐

글 쓰는 사람은 글 쓰고
농부는 농사짓고
수만 가지 직업이
이 세상에는 널려 있는데
그런 일 저런 일 하며
어제도 오늘도 내일도 살아 있는 한
그렇게 사는 거지 뭐
수학 공식이나
물리학의 법칙처럼
틀 속에 딱 맞춰
살 수는 없지 않은가
여보게들

그저 그래요

맛있는 음식도
볼거리 많은 관광도
아름다운 꽃도 고운 음악도
같이 있는 사람이 없으면
그저 그래요
어딜 가자면 안 가고 싶고
가서 오자면 오기 싫은
투정부리고 싶은 마음
몽니를 하더라도
그럴 상대가 있어야
하잖아요

인연

장날 비단가게
친구 어머니가 매파가 되어
우리는 처음 만났다
그로부터 반백 년
권리와 의무의 혼동 속에서
무거운 책임을 잔뜩 지고
숨차게 살아왔다
그러던 어느 날 그는
말 한마디 남기지 않고
돌아올 수 없는 긴 여행을 떠나고
그가 심은 진달래꽃 지고 나니
다시 철쭉꽃이 곱구나

행복지수

부자라고 해서
부족한 게 없겠는가
건강하다고 해서
아픈 데가 한 군데도 없을까
많은 것을 가졌다고 해서
갖고 싶은 게 없는가
욕심은 끝이 없고
가질수록 더 많은 걸 갖고 싶은
소유욕은 마음속에서 꿈틀대지만
그걸 다 챙겼다는 사람
나 아직 못 보았네
가진 것 덜한 사람들 얼굴이
오히려 더 평온하고
재벌 총수들 웃는 얼굴
자주 못 보네

한때는 나도 그랬지

호기심이
나의 성장을 도왔고
철없을 땐
위험도 모르고 덤벙대다가
유년과 청장년 시절이 다 가고
이제 뭔가 알만하니
주눅이 들어
작은 일도 엄두를 못 내네
젊어서 지녔던 부푼 꿈들
이대로 접고 마나

노파심

괜한 걱정으로 하루를 보낸다
노인의 행동거지는
어린이와 같고
다만 경험했다는
사실 하나로
자부심을 갖는데
쌓이는 것은 조급함이고
느는 것은 주름살과
무거운 발걸음이네

살다보면

좋은 일
궂은 일
내 주변에선
늘 일어나는 일인데
어떤 때는
더욱 혼란스러워
무심코 보내지만
시간이 쌓여
세월로 가는 길목에서
살아온 길 뒤돌아보고
그동안 못다 한 일
여기쯤서 추스르며
감사히 살리라

나이

나이는
가만히 있어도
저절로 먹는다

지금까지 내가 해온 일
앞으로 해야 할 일
끝마무리를
살피게 하면서
누구에게나
가장 공평하게
주어진다

적막함에 대하여

날이 새면
빛이 찬란한 세상을
보여준다

어둠은 모든 것을 가리고
다시 그 빛이 어둠을 걷어내면
세상은 온통
원래대로 돌아오건만
그렇지 못 한 건
사람들과의 인연
오늘도 외출했다가 돌아와
아무도 없는
어둠속의 빈 집
문을 연다

살아 있음이다

나무가 죽은 척 있다가
슬며시 잎이 돋는 것은
살아 있음이다

물이 고였다가 다시
낮은 곳으로 흐르는 것은
물이 살아 있음이다

아무런 일도 하지 않다가
기지개를 펴고
하품도 하고
움직이는 사람은
살아 있음이다

시간의 장벽

그것이 지겹도록 나쁜
기억이라 할지라도
먼 훗날 어느 날에는
아름다운 추억으로
남을 수 있겠지
이 순간에 닥친 고난의 연속도
시간이 가면
별것이 아닐 텐데
세월의 장벽이 어서
허물어져야
시작과 끝이 하나가 되지

오감도

보고
듣고
말하고
맛보고
느낄 수 있다면
뭘 더 바라겠는가
이 세상 모든 것들이
이것을 위하여
여태까지 생존해
왔거늘……

동양의 진주 세계의 무희

—최승희 추모제에 부쳐

어릴 적 재질이 꽃피던
여기 제곡리 옻샘물 터에는
이른 봄에는 나비가 모여 춤추고
초가을 화창한 날에는
잠자리가 춤을 추었네

나라를 잃은 어둡던 시절
타고난 재주와 피나는 연습으로
온 세계에 춤으로 이름을 떨쳤네

한국과 서양 무용을 익히고
고전과 현대 춤을 같이 추며
중국 경극의 기초를 다듬고
보살춤 같은 창작품도 선보여
농익은 춤의 극치를 이뤘네

한국은 물론 아시아도 좁다고
세계의 무대에서 춤의 세계를 활짝 편
그 춤사위 한 시대의 빛나는 별이여

옻 샘물가에서 대여섯 살 때
칡덩굴 잎 따들고
바가지 머리에 이고

동네 아낙네 앞에서
춤추어 보이던 그대의 몸짓이
세계 무용계를 휘어잡은
인간이 표현할 수 있는
율동의 극치였네

한때는 시대의 어려움 속에
고난의 시절도 있었지만
이제 그 낡은 이념의 뿌리는 뽑혔으니
오직 춤의 화신으로 한민족 앞에 우뚝 선
그대는 세계의 무희였으니
이곳 고향 산천에서 영원히
부활의 춤을 너울너울
마음껏 추시라

무용가의 고향

한류 물꼬를 튼 최초의
한국인은 춤꾼 최승희다
나라 없는 설움을
춤으로 달래면서
지구의 반대편 프랑스 파리에서
보살춤과 현대무용은
시민들을 열광케 했다
세상이 온통 전쟁일 때도
오직 춤 하나로 살아온
일곱 살 어린 나이 최승희는
홍천군 남면 제곡리 옻 샘물가
너래바위 위에서
작은 물동이 이고 동네 아낙네 앞에서
춤출 때가
그에게는 최고의 행복한
날이었으리라

목소리와 눈치

눈 감으면 보이고
귀 막으면 들리는 것은
그대의 면전에서
내가 지금까지 취해온 태도였다
모두가 떠나고 나 혼자인
지금은 보고 듣는 주변의
상황에 대하여
무딘 감각이다
좋은 일에 기뻐할 이유도
자랑해야 할 상대도 없는
이 지독한 고독에서
한 줄기의 빛과 소리를 찾아
귀 열고 눈을 뜬다

살풀이 춤

춤을 춘다
하얀 옷 입고 노래에 맞춰
사푼사푼 나비처럼
표정은 장엄하고 목소린 구성지다
무대 앞엔 관람객이
영상기기 앞엔 시청자가 보는데
누굴 위해 저렇게
춤을 출까?
춤과 노래가 끝날 무렵
난 어느새 내 몸의 어디선가
저들과 같은 춤꾼이 된다
이 세상에 존재 여부를 떠나
그리운 님을 위해
너울너울 춤을 춘다
같이 있을 때 다하지 못한 사안들
춤과 노래에 섞여
마지막 장면을 보여준다

3부

일상의 안과 밖

화음

오케스트라의
여러 종류의 악기들은
각자의 소리를 내는데
최종적으로는
한 음이 된다
사람들도 제각기 다르게 살다가
결국은 한 곳으로 다들 가지만
거기가 어디인지는
아무도 모르네

사랑은요

사랑은요
아주 작은 봉사와
나눔을
실천하는 것입니다

화려한 포장지로
겉을 싼 물건보다
따듯한 마음을 전하고
나만 못한 이웃들에게
조금이라도
도움을 주는 것이
사랑이지요

허실

내용이
빈약한 연극일수록
무대는 화려합니다
사람이 못 먹는
독버섯일수록
그 색깔이 곱고
향기가 짙은 꽃일수록
열매가 안 달리지요

당해봐야

사람은
어떤 일이든 간에
당해봐야 안다
평소에는
남의 일에
이런저런 사유에 대하여
동감도 하고 반대도 하지만
심각한 상황은
내가 직접 당해봐야
그 심정을 아느니

피카소와 최승희

피카소는
최승희의 춤을 보고
그림을 그리고

최승희는 피카소의 그림을 보고
춤을 만들어 췄다네
이 두 사람 다
세상을 빛낸 근세의 유명한
무용가이고 화가이네

예술을 떠나서 이런저런
이념적 얘기들이 있지만
춤과 미술의 세계에서는
이분들의 업적을
영원히 잊지 않을 거네

불타는 숭례문

2008년 2월 10일 밤 8시 50분 경
육백여 년 된 숭례문이
6시간 만에 불타버렸다
어찌된 일인가
소방차의 거센 물줄기도 소용없고
고가 사다리도 무용지물이다
처음엔 연기만 솔 솔 나더니
급기야 각루 전체가
시뻘건 불덩어리로 변해
육백여 년의 세월을 이어온
국보 1호가 순식간에 사라진 것이다
누구의 잘잘못을 탓하기 전에
임진왜란과 6 · 25전란에도
무사했던 숭례문이었는데
그 관리가 너무나 허술했다는 것을
떨어지는 숭례문 간판에서
어렴풋이나마 알듯하구나

광우병 소동

사람들이 먹고 미칠 만큼
먹을 쇠고기라도 있나
세상이 온통
광우병이 퍼진 것처럼 야단들이다
청계천 광장과
광화문 네거리에
촛불을 켜든 철없는 사람들
수입쇠고기 먹고 지금까지
광우병 걸린 사람 없는데
미국 쇠고기만 그렇단 말인가
하기야 먼 훗날을 생각하면
그럴지도 모르네만
의심나고 겁나면 안 먹음 될 일
값 싼 쇠고기 없어 못 먹는 틈에
나도 한몫 끼어있네

세금과 벌금

벌금은
내가 잘못해서
물어야 하지만
세금은 소득과 재산이
있으면 그림자처럼 따라붙는
아니다 사람이 죽어도 안 떨어지는
원한귀가 아닐까

벌금은 조심함으로써
안 물 수도 있지만
세금은 나라가 존속하고 재물이
있는 한 내야 할 의무인데
그 매기는 액수가 공평타당하다면
서슴없이 내지만
그렇지 않을 때는 고지서만 봐도
얼굴이 찡그러지는구나

생존경쟁

목숨이 붙어있는
지렁이 한 마리를
개미 떼들이 달라붙어
밀고 당기며 그들이 파놓은
땅속 집으로 끌고 간다
지렁이는 가끔 꿈틀대며
몸부림도 쳐보지만
악착같이 개미들은
여전히 작업에 열중하는데
재벌 하나를 놓고 빅딜이나
구조조정을 하는 것 같구나
해가 지기 전
목적지에 가야 할
개미들의 다급해진 일손
이렇게 억척같이 해야
겨우내 살 수 있는데
지하철역 노숙자에게는
이런 개미가 안 보이나

진실 여부

대중음식점의 쌀밥에
시커먼 벌레가 있는 것을 본 손님은
주인을 불렀다
주인 대신 온 서빙 아주머니는
밥그릇의 시커먼 물체를 한참 보더니
"아이구 웬 검정콩이여" 하며 얼른
그것을 집어 먹었다
벌레인지 콩인지 검증이
확인 안 된 상태에서
아주머니의 입을 쳐다보던 손님은
아무 일 없다는 듯이
밥 한 그릇을 다 비운다

가끔은 생각 좀 하며 살자

바쁜 사람에겐
시간이 왜 이리 빨리 가는지
아침이 저녁이고
저녁이 아침으로 이어진다

이렇게 빨리 가는 세월 속에서
가끔은 지난 일상들 중
기억하고 싶었던 일들을
생각하며 살자

왜 사는지 뭘 했는지
혼자 좋아했던 여인도
희망에 가득 찼던 시절도

일상적 그 무엇

만나는 사람들
요즘 어떻게 지내세요?
잘 지내지요
간단히 오가는 말속에
숨은 사연들이 있는 걸 너나없이 감추고
말한다
사람들에겐 비밀이 있고
가슴 아픈 일들을
누구나 가지고 있지만
오래 쓰던 칼날이 무뎌지듯이
세월이 가면
더러 잊히겠지

약재시장에서

강원도 홍천군 약재시장에는
열 평도 안 되는 점포에서
약초 건재상을 열고 있는 죽마가 있는데
건 약재가 가득하여 향기롭다

산이나 들녘에
지천으로 자생하고 있는
나무와 풀잎 그 뿌리가
질병을 고치는 귀한 약재들이다

오래될수록 약효가 좋다는 쑥과
썩은 소나무 뿌리에서 나는 복령
쇠무릎풀과 질경이 그리고 민들레뿌리도
생명을 살리는 보약들이다

이렇듯 진열된 약재들이 초목근일진대
목숨을 건지고 통증을 삭이는 귀한것들
이 골목 안쪽엔 명의 유의태 선생이 살았고
동의보감을 쓴 허준 선생도 보인다

시간

누가 뭐래도
잠잘 때는
모든 걸 잊고 편히 쉰다

그들이 누구일지라도
공평한 시간이다

지금은 내 곁에서
멀리 떨어져 그 소식 모르고
먼 지난날의 숨은 얘기도
결국은 시간 속에서
이뤄지는 찬란한
아픔이다

그대의 고향은 어디인가

사람들이 사는
그 지역이 작을수록
고향 얘길 잘 따진다
낯선 곳에 이사 와
자식 낳고 키워 혼사 다 시키고
강산이 서너 번 바뀌어도
굴러온 돌 박힌 돌 하는데
전국 팔도의 사람이 모이면 어떤가
서로가 어울려 흠 없이 산다면
이곳이 고향이 되는데
내가 태어나 유년시절 보낸 곳
수년 만에 가보면
오히려 낯선 사람들 붐비고
일가친척들 서먹서먹하기만 하네
그대들의 고향은 그대들이 사는 곳
토박이들이 텃세라도 한다면
그들은 자격지심이나 피해의식으로
속이 빈 자들이네
긴 세월 거슬러 따져보면
모두가 한 고향 사람들인걸

고향 이야기

열 살 된 외손녀와
일곱 살 된 외손자가
고향 얘기를 한다
“누나야, 고향이 뭐야?”
“자기가 태어난 곳이지.”
“그럼 누나 고향은 어디야?”
“미국에서 태어났으니 미국이지.”
“미국 어디야?”
“나도 몰라.”
“나는 아는데.”
“어디야?”
“미국에 있는 병원 침대 위지.”
과연 태어난 곳만이
사람들의 고향일까?

있는 그대로

물길 따라 흐르는
작은 개울물
그대로 놔둬라

하늘 보고 자라는 나무
그대로 나둬라

물 곧바로 흐르게 하고
나무 잘 자라게 한다고
돌멩이 치우고 나뭇가지 치면
물고기도 못 살고
나무도 맘대로 크지 못하지

사람도 자유롭지 못하면
제대로 성장 못하듯이
물도 나무도 자꾸 건드리다 보면
원래의 제 모습 잃지 않을까

진짜 가짜 뉴스

요즘
진짜 뉴스가
가짜 같으니
가짜 뉴스가 판을 친다

시시때때로
쏟아져 나오는 뉴스들
어느 것이 진짜이고
가짜인지 분간이 안 되는데
좋은 소식은 진짜이고
나쁜 소식은
가짜이길……

마술

눈을
아무리 똑바로 뜨고
봐도 알 수 없구나

눈속임이라고도 하고
도구의 사용이라고도 하고

마술은 오로지
마술사 자신만이 아는 것

하지만 사람들은
일상을 마술 속에 살지만
왜 사는지 알려 하지
않는구나

남북 정상회담

이번에는 뭔가 꼭 이뤄보겠다고
남북 대표들이 마주보고 앉았으나
이번에는 또 어떤 논쟁으로
시작해 약속 없이 끝날까
서로가 해결할 수 없는 문제를 놓고
고집들을 부린다
생각만 바꾸면 쉽게 합의할 수 있는
일들도 수두룩한데
그런 것들은 뒷전에 두고
어려운 것들만 골라 꺼내서
회담을 한다
예컨대 이런 것은 어떨까
팔순이 넘은 이산가족들은
휴전선 너머 어디서나 자유롭게
오가게 할 수 없을까
이것 하나 해결 못 하는 것 보면
통일, 민족, 핏줄을 주장하는 것도
회담을 위한 회담으로
서로의 체면치레를 위한
말장난 짓들이 아닐까

태양의 길

변함이 없다
한 치의 오차도 없다
오늘도 내일도 모레도
살다보면
별별 일들이 다 일어나지만
그 순간들이
다 지나고 나면
또 새로운 일들이
크든 작든 간에 또 생긴다
이 반복의 원리는
언제까지 이어갈까

비정규직

비정규직이란 임시직을
다른 말로 부르는 호칭이다
하는 일은 정규직과 다름없으나
받는 대가는 적은 편이다

사측에서 보면
필요할 때는 써야 하고
일감 줄어들면 내보내야 하는
인사관리의 퇴출 대상이 되기도 한다

비정규직이란
한두 해 일하는 계약직이다
사측의 눈치를 봐야 하는 처지다
재계약은 가능할까
몇 년이나 더 일할 수 있을까

하지만 계약직은
하루하루 벌어먹는 일용직보다는
낫지 않을까?

시행착오

제아무리
철두철미하게
일상을 산다고 해도
시간이 지나고 보면
시행착오가 있게 마련이다
내가 지금까지 살면서
겪어 본 것처럼
그대들도 그러하리

참 살기 좋은 나라인가

한 시간 일하면
오십 때의 밥을 지을 수 있는
쌀을 살 수 있어
최소한 굶지는 않는다

금요일 저녁부터 휴일이다
한 주일에 쉰두 시간 일하고
그 이상 일하면 혼줄 낸단다
이런 좋은 조건의 나라가 흔치 않은데
왜 이리 불안할까?
다만 이런 조건들이
얼마나 지속될까
의문이 자꾸 가는구나

자전거 행진 대열 속에

중고 몇 만 원짜리로
천여만 원이 넘는 자전거 대열에 끼어
아스팔트길을 달린다

생각할 나이마저
잊어버린 지 오랜 시점에서
반환점 없이 출발점으로 오기 위해
페달을 힘껏 밟는다

고갯길 오를 때는 가쁜 숨 몰아쉬며
힘이 들지만
내려갈 때는
마지막 취직시험 끝나는 기분이다
코스모스 꽃봉오리 바람에 나부낄 때
뒤에서 따라오던 무리들이
어느새 나를 앞지른다

평지를 달린다
언덕배기를 또 만나다
앞 옆 사람들은 잘도 오르는데

나는 더 오를 힘이 없어서
자전거가 나를 끌고 간다

잠

잠은
영혼의
활동시간이다

육신이 쉬는 동안
영혼은 움직인다

영혼과 육체가
같이 있을 때
내 몸은 살아 있고
그것이 분리 될 때
나의 존재는 없어진다

그림자

내 곁을
떠나지 않는 자
다만
빛이 없으면
잠시 사라졌다가
빛이 있으면
다시
나타나
나를 돌아보게
하는 동반자

빙어 낚시

미끼 없는 낚시를
얼음구멍에 담근다

내 입장에서는
요행을 바라는 거고
빙어는 재수없어 걸리는 거다

인제군 남면 남전리 소양호 상류
두꺼운 얼음이 강바닥을
너래바위 같이 덮었다
그곳에 구멍을 뚫어
빙어를 유혹한다

두꺼운 얼음이 나를
짓누르는데
요즘 일상들이 너나없이 답답해
빙어낚시처럼
온몸에 구멍을 내어
시원한 강바람이나 맛 보세나

정답 이야기

정치와 종교와 생사(生死)에 관하여는
아무리 논쟁을 해도
정답이 없네

엄청난 노력으로
오랫동안 연구를 해도
명답이 나올 수 없는 것들
내 주변의 많은 것들에 대하여
왜? 냐고 의문을 가져도
속 시원히 알 수 있는 것들은
얼마 되지 않네

배우면 배울수록
모르면 모를수록 알 수 없는 것들
삶에는 정답이 없기 때문이네

씨름장에서

잘생긴 사람들을 보려면
씨름장으로 오라
땀 냄새마저 좋은
모래판 위의 사나이들
져도 좋고 이기면 더 좋은
감독들이여 진 선수에게
꾸중하지 마시라
누군 일부러 지고 싶어 지나
내 실력껏 최선을 다했는데
상대가 나보다 더 나은 걸
일상의 잡다한 일들은
잠시 접어두고
안다리 수 걸기 밭다리 배지기로
상대를 넘어뜨리는 씨름을 보면
우울했던 내 기분은
어느새 나도 모르게
상큼해지네

재래시장 · 1

이곳에 오면
어머니가 앉아있다

올챙이국수 한 대접 놓고
세월을 보내시던 분

지금은 많은 사람들이
살빼기에 여념들이 없다지만
1950년대 말에는
끔찍하게도 가난했던 시절이다

요즈음 사람들이야
배고픔을 알랴마는
먹을 식량이 없어
때를 굶어봐야 현실을 아느니

재래시장 이곳에 오면
왜 사는지를 알 것도 같다

재래시장 · 2

빈대떡 부치는 화로에서
들기름 냄새가 물씬 난다
불경기라 하지만 이곳에선
사람들이 조금은 북적거리고
작은 인심이 오간다
이문을 남기기 전에 맛부터 보란다
골목을 가득 채운 좌판 상인들은
팔리는 것 같지 않은 상품들이
좀스럽게 쌓여 있는데
사겠다는 사람들보다 상인들이
더 많은 것 같구나
중소도시 재래시장 좌판에는
메밀적 감자떡 질금가루가
행인의 눈길을 붙잡는데
서로가 서로를 위한 존재의 뜻을
이곳에서 볼 수 있구나

신병 면회

갓 스물에 입대한
조카의 면회
덩치는 크나 여린 마음
전쟁이 났을 때
싸울 수 있을까
자유와 배움을 잠시 접어두고
부여된 의무를 다 하고자
제복을 입은 그는
온실에서 자라난
한 포기 꽃모종

어디쯤 서 있나요

사람의 한 평생을
한 시간으로 본다면
나는 몇 분쯤의 분침에
서 있을까?
다시 하루로 본다면?
오후가 다 돼가겠지
일 년으로 친다면 구시월이 아닐까?
그대들은 어떤가요
어디쯤에 서 있을까요?

선물

지구본을 보면
동쪽은 푸른 바다이고
서 · 남쪽은 반반이고
북은 대륙이어라
평창동계올림픽
찾아온 젊은이들이여
한 보따리의 선물 받아가라
영광의 순간 인정의 뿌듯함
아름다운 추억을

귀청

내 귀에서는 매일
금가루가 생긴다

귀후비개로 살금살금
고막 근처를 긁다보면
그동안 들었던 온갖 말들이
금가루가 되고

헛 들은 얘기는
곪은 덩어리가 되어
고약한 냄새를 풍긴다

이상한 일

대학을 졸업하고
전문대학을 또 다닌다

최고 학부를 나오고
중 · 고등만 나왔다고
이력서에도 그렇게 쓴다

위장 취업을 했다가
퇴직을 당하기도 한다

많이 배운 게 죄스럽고
단순 기술이라도 안 배운 게
후회되어 가슴을 치지만
때는 이미 지났느니

지금이라도 현실을 떠난
이상적 허상을 내려놓고
홀가분한 마음으로
처음부터 다시 시작한다면
무엇이라도 되지 않겠나

온도의 편지

해가 질 때
노을은 더 아름답다
보는 자에 따라
더욱 찬란할 수도 있고
수그러지지 않는 고독함을
한 없이 맛보게도 한다
누구나 현재의 위치에서
미래가 없다면
살아야 할 가치나 의미가 있을까
그래도 한겨울을 보낸
앞마당 고야나무는 꽃눈을 틔우고
그 밑에선
참새가 모이를 쫀다

발가락양말

발가락양말은
신기가 맨 양말보다
두어 배쯤 힘들다
양말을 신을 때
텔레비전에서는 삼성의 총수
이건희 회장의 근황이 나오는데
한마디로 어리벙해 보인다
한국에서는 물론
세세에서도 몇째 안 가는 부자가
저 모양인데
돈 많은 재벌이면 뭐하나
난 신던 발가락 양말이나
마저 신어야지

돌비석 38선

44번 국도를 따라
홍천에서 인제를 가다보면
신남을 조금 지나 소양호 쪽에
지난 날 38선을 표시했던
돌비석 하나 서 있네

이곳은 반세기 전 북한의 땅
강대국들이 승전의 대가로
남북을 갈라 차지하고
이념의 가치가 정착되기도 전에
한 민족은 두 동강 나고 말았네

태백의 아름다운 산하는
휴전전이란 철의 금줄이 처지고
사람들은 서로를 그리워하면서도
자유로이 만나지 못하였네

그러나 피의 뿌리는 어찌하리

현금과 수표의 선거

차떼기로는
수백억밖에 안 되지만
수표 한 장에는
수천억이 오가는데
이걸 잘 모르는 유권자에게
차떼기 불법자금 공세로
재미 본 정치가들
다시는 이런 술수로 득볼 생각 말고
백성 위한 정책으로
선거문화 되었으면

나는 악보다

예술방송에서
현악 사중주와 교향곡을
연주하는
아름다운 여인은
고운 드레스를 입고
나에게서 눈을 떼지 않는다
나는 그들에게
언제나 귀한 존재
나의 임무는 악기와 더불어
살아가는 거다

청문회장 · 1

송구합니다
사과합니다
죄송합니다

청문회장에서 나온
후보자들의 한결 같은
대답들이다

위장전입과 부동산투기는
다반사이고
실정법 위반이나 도덕적
결함이 드러난 자들이다

질문자와 답변자들을 보면서
내가 저 자리에 있다면
어땠을까?

세상에 완전한 사람이
어디 있나
다만 털어서 먼지가
덜 나고 많이 날 뿐이지

청문회장 · 2

묻는다
위장전입과
다운계약서 작성과
세금 포탈과 병역기피를

답한다
아내가 해서 난 모른다
의례나 관례로 알았다고

그 후부터는 듣기에
민망한 질문과 답변들

고급관리로 일할 사람들이
몇 년도 아닌 얼마 전 일들을
모른다 기억에 없다고

이런 사람들이 어찌
나랏일 하겠단 말인가

만세소리

우리나라가 세워진 후
이렇게 한마음 되어
만세를 불러본 적이 있는가

백여 년 전
방방곡곡에서
태극기 들고 외치던
만세소리

총칼도 죽음도 무섭지 않다
감옥도 그렇다
오직 내 나라 내 민족 위해
한 목소리

지금은 어떤가
갈라져 두 동강이 된 지 오래고
통일의 그날은 또
언제 오려나

치과

건강한 치아를
왜 오복이라 하는지
이빨 아파보지 않은 사람은
모른다
충치가 먹었다고
풍치가 심하다고
신경치료를 받아야 하는데
예약시간은 왜 이리 더디 가는지
사람의 몸이 나이 들면
치아부터 망가지는 것
사는 동안 오복의
한 부분을 찾으러 나는
치과를 간다

금 노다지와 로또복권

홍천군 두촌면에서 있었던 일
금광에선 노다지가 여기저기서 나왔고
천현리 샘재마을에선 로또복권사상
제일 많은 410억여 원이 당첨됐다네
복권 당첨확률은 800만 분의 1로
한 사람이 벼락 맞을 확률인 200만 분의 1의
네 배나 되는 행운이네

일제강점기 때의 노다지 금광은
순금덩어리가 금 줄기를 따라
그대로 나오는 것
광부는 금 캐서 먹어버리고
너무 큰 것은 돌무덤에 감춰뒀다가
수년 전에 발견돼 횡재한 자도 있다네
노다지와 복권
사람들의 마음을
흐뭇하게 해주는 얘기네

행주와 걸레

그릇이나
방바닥 또는 주변을
깨끗하게 하기 위해
너는
처음부터 생겼나
천 조각이나 아니면 애초부터
버려야 할 물건인데
재생의 표본으로 다시
한 가정의 부엌과 방구석을
지키는구나

4부

자연의 섭리

화양강에 달이 뜨면

이른 저녁 해질 무렵
산 위에서
달 뜨는 모습은
어디서나 흔히 볼 수 있지만
화양강 맑은 물에
해와 달이 같이 있는 것은
보기 힘든 일
하얀 비늘 번득이는 피라미들
하늘 향해 힘껏 솟구치다
지치고 만다
별안간 잠잠해진 수면 위
검은 장막 걷어낸 아침 강가
나 혼자 서 있고
나의 그리운 사람들 어디 갔나
세월은 강물 타고
흘러만 가는데

화양강은 말이 없고

석화산 그늘을
가슴에 품고
화양강은 말없이 흐른다

지나간 일들은
다 모른다 알고도 모른척한다
다만 그 흔적을
강물에 띄워서 멀리멀리
떠내려 보낼 뿐

강가 버드나무는 머리를 감고
손발 담그던 그 맑은 물
강가의 역사는 고장의 역사
사계절 뛰어 놀던 유년의 강
시방은 어떤가
두 이름 사이에
혼동의 시간만 간다

밤꽃

꼭
그 냄새 그렇게 좋은지
그래야만 하는지
벌들이 유난히 모여든다

향기라고 하긴
좀 그렇고
모양은 지렁이 같은데
꽃이 진 후 밤송이가 여물면
나무 밑에 몰려드는
사람들

거북등은 알고 있다

당신은 알고 있느냐
경기도 청평에
댐을 막기 전 소금배가 홍천강
마곡과 모곡 팔봉을 거쳐 노일
장항리 위 화양강줄기 끝 굴지리를 거슬러
홍천읍 한복판을 지나 화촌면 굴운리까지
오르내렸다는 사실을

화양강에 다리가 없어
나룻배로 강을 건너고
일제강점기 때 놓인 연봉다리
한국 전쟁 때 두 동강 난 걸

너희들은 아느냐 화양의 얘기를
여름밤엔 어른들의 대중목욕탕이 되고
낮에는 벌거숭이 아이들이 멱 감던 것을
역사의 흔적은 사라져도
남산과 거북등은
알고 있나니

씀바귀꽃

봄 온 천지에 피는 꽃들
누가 피라고 해서 저렇게
피는 걸까

추운 겨울을 잘 이겨낸 탓에
이 땅의 야생화들
지천으로 피었는데
사실은 한 번도 가꾼 적이 없구나

아무도 설명할 수 없는
자연의 섭리는
사람이나 꽃이나 나무나
때가 되면 저절로 알게 될 터

오월에서 유월로 넘어가는
초여름 한낮
누구에게 보이려고
노란 꽃 씀바귀는 저렇게
곱게도 폈나

민들레꽃

흰 피는
신라에 불교를 전파한
이차돈의 목에서만
나온 게 아니다
노란색 하얀색 민들레꽃
대궁에서도
흰 피는 나왔다
끈죽끈죽한 저 액체
언제까지나 나올까
순교자의
피

돌배나무꽃

동네 어귀에 서 있는
돌배나무는 알고 있다
생기 나고 활기차던
이 마을 전설에 대하여
넉넉진 않아도
배고픔 없이 잘 지내던 사람들

오밀조밀한 초가집들이
서까래를 맞대고 있는데

어느 날 갑자기
초가는 벗겨지고 울긋불긋한 슬레이트지붕
또 몇 년 지난 후
빈 집 여기저기 나더니
이제는 사람 사는 집보다 빈 집이 더 많구나

푸른 잎이 실바람에 나부낄 때
하얀 꽃 눈부시게 피어난
돌배나무는 알고 있다
뿔뿔이 흩어져 공단에 시장에 살던

이 마을 사람들
하나둘 다시 모여들어
돌배가 누렇게 익어 제 맛을 낼 때는
절반쯤은 오려나

백일홍

백일을 피었다가
그래도 아쉬움이 있어
선혈을 뿌린 듯
줄기만 빼고는
붉은색 천지구나
다른 꽃들은 엄두도 못내는
그 긴긴 날들을
오직 그 누군가를 기다림에
꽃잎 마름도 잊은 채

대룡산 철쭉

겨울잠에서
이제 막 깨어난
대자연의 신비가
기지개를 펼 때
참나무 가랑잎 덕분에
춥지 않은 겨울을 보낸
대룡산 철쭉이
그 아름다움을 보일 때쯤이면
산은 온통 꽃으로 장식되고
산을 찾는 사람들은
모두가 꽃이 된다

찔레꽃 향기

요즈음 아이들이
알지 못하는 것 중 하나가
어린 찔레나무 순을
꺾어 먹는 거다

늦봄에는 주전부리감이 마땅찮아
냇가나 동네 어귀 골짜기에
야생으로 퍼져있는
찔레나무 찾으며
그렇게들 커왔다

보릿고개가 사라진지
엊그제 같은데
이제 밥술이나 먹게 됐다고
천덕꾸러기가 된 농촌
누가 이렇게 망가뜨렸나

샘물 졸졸 숨어서 흐르는
수풀 속에서 하얀 얼굴 내민
찔레꽃 그 짙은 향기에
나는 잠시 취해본다

꽃은 봄을 부른다

개나리 매화 목련 생강나무꽃
일찍 피는 꽃들이
먼저 봄을 부른다

꽃샘추위가 옷섶을
파고들어도
아랑곳하지 않고
봄은 기획된 자연의 섭리대로
꽃들을 앞세우고 내 곁으로 온다

끝이 없는 번잡스러운 세상임에도
호들갑 떨지 않으며
봄은 꽃을 이끌고

화초 양귀비

어디서 날아왔는지
화초 양귀비 꽃씨가
텃밭에 떨어져
화려한 꽃잎을 보여주는구나
향기가 없어도 벌들이 찾아와
꿀과 꽃가루를 가져가는데
저것이 화초 양귀가 아니라면
어떤 사건들이 벌어질까
환자의 아픔을 잊게 하고
마약으로 중독의 효과는
사람을 좀먹게 하지

자두

오랜 가뭄을 이겨낸
앞마당의 자두가 잘 익었다

지난해에는
색깔이 예뻤는데도
먹어보면 벌레가 먼저 먹어서
온전한 것이 없었는데
올해는 속이 멀쩡하구나
살충제 한 번에
이렇게 다르니

사람이 사는데도
이처럼 한 번의 수고로
평생을 살 수 있다면
더 바랄게 없네만

고로쇠 물

고로쇠나무에게는
피다

관절염이나
허리병에 좋다고
그 피를 뽑아 마신다

문득 정형외과
의사가 떠오른다
의사도 마실까

무궁화 거리

홍천 시내의
무궁화 거리는 없어졌지만
그 흔적은 내 마음속에
영원히 남아있네
우리 주변의 공터
여기저기에는 무궁화가 착착
심어져가는구나
무궁화는 화려하거나
향기가 짙거나
열매가 맺는 것도 아닌
그저 평범한 꽃인데
눈으로 보는 것보단
왜 가슴으로 보게 되는가

베어낸 무궁화

관사 앞 공터에
무궁화 한 그루 심어놨더니
몇 년 안 가서 제법 큰 나무가 되어
탐스러운 꽃이 피고 졌는데
어느 날 갑자기 대문 앞이 거추장스럽다고
관계인이 베어버렸네
나라꽃이 아니라도 저렇게 무참히
베지는 않을 텐데 하물며
나라꽃 무궁화를 심지도 가꾸지도
않은 자들이 잘라버릴 수 있을까?
나라꽃 다루는 것 하나만 봐도
한 나라의 애국 성품을 알 것 같네

무궁화 축제

나라꽃을 빛내는
무궁화 큰 잔치
홍천군민이 열어가는
화합의 한마당으로
군민 모두가 참여하는
축제의 장이네
갈등과 시기와 모함을
믿음과 사랑과 용서의
어울림으로 승화시켜
너와 내가 한마음이 되는
내 고장 큰 경사네

바람이 숲길 따라

보이지 않는 바람이
숲길을 가면
그 뒤를
따르는 사람들의 발길
어느새 산비탈에는 길이 나고
맨바닥에는
바람이 흘린 가랑잎이
숲길을 안내하고
꽃은 봄을 부른다

낙엽

서리 내리면
바람이 없어도
잎들은 하나둘
나뭇가지를 떠나는데
자연의 이 당연한 이치임에도
난 왜 이리 쓸쓸하고 허무한지
그 이유를 알 수 없고
다만 내년 이른 봄 되면
새 잎 눈트는
그때를 기다리며
기인 겨울을 보내리

나뭇가지

잎이
다 떨어진
겨울 나뭇가지
햇볕에 마르지 않고
있다가 봄이면 다시 새순이 돋는
이유를
알 수가 없는데
오직 나무는
가지를 통해
그 이치를
알리는구나

나무의 눈

나무에는 눈이 있다
나무의 눈에는 바람도 보이고
소리도 보이고 사람의 마음도
볼 수 있는 눈이 있다
그의 눈에 보이는 것 중
나무를 꺾는 자 돌을 깨트리는 자
물길을 막는 자의 마음은 어떨까
나무의 눈은 세상의
앞날을 볼 수 있다는데
나도 나무의 눈을 통하여
나의 내세를 엿보고 싶구나

나무와 같이

나무와 같이
서 있으면
나는 나무가 되어
나무에게 말을 걸지만
나무는 늘 같은 말로만
대꾸를 한다
내가 무슨 말을
하든지 간에

나무와 겨울

겨울이 오리라곤
예상조차 못 한 듯이
무성하게 잎을 펼치더니
며칠 새 찬 기운 스쳐가니
옆에서 보기도 민망스럽게
단풍이 들기 시작하는구나
사계절이 완연한 나라에선
당연한 사실인데도
겨울을 맞는 나무를 보면
공연히 쓸쓸해지는구나
나만 그런가

풀벌레의 집

가을이 가까워지면
매미는 긴 목청만 남기고
어디론가 훌쩍 떠나고
이름 모를 풀벌레들이
그 자리를 대신 차지하고는
찌찌찌 노래를 한다
며칠 남지 않은
여름날 가면
떠난 사람들이 새삼 그리워지는
가을이 성큼 다가오겠지
우거진 풀숲이 있어야
맘 놓고 벌레들이 살 텐데
계절의 변화는 여전하구나
찬이슬 내리고
선들바람 불어오면
벌레들은 집을 지어야 할 텐데
내 사는 집도 부실하면서
풀벌레의 집을 염려하다니

바랭이풀

밭에 나는 바랭이풀은
여간해선 없어지지 않아
나는 조폭이라고 부른다
뽑아도 뽑아도 계속 자라나는
잡아도 잡아도 숨었다 나타나는
도심 속의 조폭무리들
정성들여 가꾸는 곡식보다도
더 잘 크는 그는
밭고랑 전체를 덮는다
작은 텃밭 김매고 나서
하룻밤 지나면
어느새 새파란 싹이 돋아나는
바랭이풀은 칠석을 전후해서
더 잘 자란다

모과를 따면서

올 들어 첫서리가 온다기에
모과를 딴다

과일 중에 제일 못생겨
볼품없는 모과는
푸른색의 옷을 벗지도 못한 채
바구니에 담겨진다

한여름 무더위를
잘 이겨낸 덕에
몸속에 밴 짙은 향과
탐스럽게 익어준 것이 고맙구나

몇 해 전 처음
묘목을 심었을 때는
언제나 저것이 자라서
열매를 맺나 했지만
계절이 몇 번 바뀌고 나니
그런 생각이 어느새 없어졌네

사람도 헤어졌다 만나면
저것처럼 변해있겠지

뒤꿈치 쳐들고
모과를 딴다
딸 때는 몰랐는데
두어둘수록 뿜어내는 향기
방 안 가득 채우네

보리밭 달래

나의 유년 시절
달래를 캐러 양지쪽
보리밭을 누볐다

실한 보리 싹보다 작아
눈에 잘 안 띄어
좋은 냄새로 달래를 찾았다

보릿고개 한창이던 반세기 전
밥 대신 칡뿌리 보리개떡으로
허기를 채우며
봄의 첫손님인
달래를 캤다

봄나물

아주 이른 봄에는
모든 싹들이
봄나물이다
좀 지나면
억센 풀이되고
나뭇가지가 되고
떡잎도 되고
사람들도 이와 같이
봄나물이 된다

수타사 계곡

홍천군 동면 공작산 자락
신라 때 창건 된
수타사 대웅전 옆
용담소를 지나면
귀웅소 맑은 물이
너래바위 바닥을 덮는다
봄이면 붉은 색과 흰 철쭉이 피고
가을이면 골짜기 전체가
단풍으로 물들어
물속까지 한 폭의
풍경화구나

산불

산과의 약속이
어겨지던 날
양양의 낙산사는
시뻘건 불더미로 사라지고
조선시대의 동종은
울음 한 번 제대로 못 내고
녹아버렸네
도깨비불처럼 불덩어리가
강풍을 타고 날아다닐 때
아궁이에선 타지 않던
시퍼런 솔가지가 더 잘 타고 있네
산이 노한 것일까
아니면 사람들이 싫어서인가
그 까닭이야 있겠지만
다시는 산불이 안 나야 하겠네

생명의 숲

숲은 언제나
생명이 근원이네
우리는 숲이 있기에
신선한 공기를
마음껏 마실 수 있고
산새들의 노래도 들을 수 있지
숲은 사람들이 가꾸는 것보다
자연 그대로 있길 바라지만
이런저런 사유로
숲의 소망은 이뤄지지 않네
우리의 주변에 숲이 없다면
그 삭막함을 상상해 보았는가
숲은 이 세상이 살아 있음을
늘 보여주고 있네

대관령의 소나무눈꽃

동서를 잇는
대관령 정상 소나무에
눈꽃이 피었다

무슨 사연이 그리 있어
춥고 바람 센 날에
저리도 곱게 피었나

만나야 할 사람 오지 않고
기다려봐야 만나지 못하는
그 사람 그리워
눈꽃은 조용히
피었다 지는구나

공작산 숲길

공작산 산자락에 나있는 숲길
그대와 둘이서 추억이 깃든 길
가진 것은 없어도 희망이 부푼 때
그리워라 그 숲길 언제 가려나

그대는 가고 없고 나 혼자 걷는 길
산새들이 찾아와 길동무 해주네
언제나 다시 한 번 그 숲길 가나
산바람도 마중 나와 반겨 주겠지

물소리 조잘조잘 그대 목소리
귓전을 아름답게 속삭여주며
사랑은 영원하네 공작산 숲길
너와 나는 여기서 맹세를 했지

소나무 껍질

소나무 껍질은
소나무에 물이 오를 때와
보릿고개가 한창일 때
벗겨야 잘 벗겨진다
달콤한 물은
그 자리에서 핥아먹고
껍질은 집에 가져와
절구에 찧어서
보리겨를 넣으면
송기떡이다
이 떡을 먹으면 변비가
잘 걸려 고생을 했지만
지금은 송기떡을
아는 사람조차 드물고
소나무 껍질 벗기면
큰일 나는 일이지만
반백 년 전 이 땅의 많은 사람들
이렇게들 살았다

봄에는 산나물을 뜯자

올 새 봄에는 산나물을 뜯자
망태기나 다래끼 대신
등산 가방을 메고
이제 막 솟아나는 두릅과 다래 순
이름 봄에는 모두가 나물이여라

지금부터 불과 반백 년 전엔
먹을 게 없어
물오른 소나무 껍질로 송기떡 해먹고
취나물, 곰취, 잔대싹으로
끼니를 연명했는데
요즘은 산나물이 좋다고 도시 사람들이
모여드는구나

긴 겨울잠에서 깨어난 새순들이
가랑잎을 들추고 살며시 고개를 들고
사람들을 향해 손짓을 한다
이 세상에 처음 나온 듯
야리야리한 자태에서 향기를 뿜고
눈 녹은 물과 섞인 샘물은
산행의 나물꾼들 목마름을 추긴다

봄에는 산나물을 뜯으러 가자
입산의 허가는 미리 받아두고
향기 짙은 더덕과 도라지는 약도 되고
나물도 되지
오는 길 가는 길에 도토리는
산 짐승들의 먹이니 건들지 말고
산나물도 가려가며 뜯자
시골엔 사람이 많이 줄어
산나물 지천인데 뜯을 사람 드물고
오누이 손잡고 나물 뜯던 때도 가고
도시 사람들 자가용 타고
나물 뜯으러 오는구나

한해가 지나 내년 초 봄이 오기 직전엔
세계의 젊은이들이 평창으로 들오니
올림픽 잘 치른 후에
휴전선 평화의 지대에서
산나물을 뜯고 가게 하자

까치는 짖고 까마귀는 울고

집이
숲속에 있어
요즘 웬 일인지
까치는 집안을 들여다보며
짖고 까마귀는
집 밖에서 우네
길과 흉을 예고한다는
까치와 까마귀
내게 아직도
그러한 일들이 올까
언젠가는 오기는
오겠지만

잿골 등산로

두개비산 언덕길
양지쪽 벗어나면
낙엽송이 우거진 산속
정상을 향한 내 발걸음은
많은 생각을 잠시 접어두고
앞서 간 사람들의 뒷모습과
내 뒤를 따르는 이들의
두런두런 이야기소리 귓전으로
들으며 산길을 걷는데
태어난 곳 서로가 달라도
가는 길은 같은 곳이라네
일상을 사는 우리들
자기주장에만 아등바등대지 말고
남의 흠 들춰내지 말고
너그러움 가득 찬 저 산처럼
서로를 반기며 사세나

산행

앞서 간 사람이
칡덩굴 걷고 가면
뒷사람은 싸리꽃 헤치며
산길을 오른다
계곡 물소리 차츰 줄어들면
산봉우리가 가까워지고
잔가지 없이 키만 멀쑥이 자란
참나무가 길을 안내한다
일상에서 찌들었던
잡념들은 산등성에
다 내려놓고
맑은 산바람 가득
허파를 채운다

흙탕물

소양댐 물
흙탕물 자주 인다고
야단들이다

장맛비 그쳐도 흙탕물 왜 생기는지
알고 있으면서도
방비는 하지 않고
앙탈들만 한다

비탈밭 까뭉개
고랭지 채소 심고 감자 심다보면
비 오면 그대로 흙탕물 되는데
이걸 제대로 방지 않고
한탄들만 하지

흙탕물 이룬 강 나무라지 말고
처음부터 흐려지지 않도록
주의 조치한다면
윗물보다 아랫물이
더 맑은지 그 누가 아나

봄비

어젯밤
내리던 비
아침 되니 딱 그쳤다

꾸물대던 꽃망울
어서 빨리 터지라고

어둠 속
지름길 찾아
살금살금 내렸다

감자

못생기면
모두들 감자라 한다
쌀 밀 보리 옥수수 감자는
사람들의 주식인데
실속 없고 보잘 것 없는
하찮은 것들을 말할 때
흔히들 감자에 비유한다
캄캄한 흙속에서 자라서
세상 물정 어둡다고
너무 그러지들 말아
썩어도 가루를 남기는
감자가 아니더냐

오음산과 금물산

오음산과 금물산 사이
유치리와 시동리 삼마치리가 있는데
반세기 전 한국전쟁 때
수많은 사람들이 죽었다
국군과 유엔군, 인민군과 중공군
피난민들이 홍천과 횡성 사이
삼마치 고개에서
마을과 마을 사이 유목정과 신대리
고갯길서 왜 죽어야 하는지
그 이유도 모르면서
총탄에 맞고 파편에 맞아
억울하게 죽어갔는데
올 칠월 장마 흙탕물은 그때의
핏물처럼 흐르는구나

산삼

인위적으로
재배가 안 되기에
귀한 것이 산삼이다

서양인들이 이해할 수 없는
것 중의 하나다

삼의 종류에는 인삼과 장뇌가 있지만
그 효력이 산삼에 비교가
될 수 없고
오래 묵을수록 기하급수적인
가치가 있다네

좋은 꿈이라도 꿔야
캘 수 있는 신선한 것
큰 복권의 당첨처럼 힘든 횡재라네

내 생에 산삼 캐는
행운 한 번 있을까

풋고추

외국 사람들이 우리 식성에서
고추장에 풋고추 찍어 먹는 것에 대해
도저히 알 수 없다네

며칠 전 비료 한 움큼 듬뿍
텃밭 고추밭에 줘서 그런지
오늘 아침 더 싱싱한 고추를 따서
여름 입맛을 돋운다

내가 외국 음식에 입맛 못 들인 것 같이
외국인들도 우리의 요리에 대해
그렇게들 생각하겠지

지렁이와 굼벵이가 만들어낸
시커먼 흙에서 자란 고추
고추장에 찍어먹는 그 맛
내가 살아가는 맛도

송어낚시

두꺼운 얼음에 구멍을 뚫고
가짜 미끼를 끼운 낚시를 담근다
내가 송어라도
물지 않을 텐데
신경을 곤두세우고
입질 할 때만 기다린다
눈먼 송어가 지나가다
혹시나 걸릴까
내 솜씨로는 도저히 못 잡고
옆 사람 잡는 구경만 한다
짧은 겨울해는 빨리 가고
빈 낚싯줄만
더 가늘어 보인다

가을걷이

첫서리가 내린다고
농부들은 들일에 여념이 없다
올봄에 힘들게 깔은 비닐을
지금은 걷어내야 한다
콩과 고추와 참깨도 심었지
이제 그 쓰임이 다 된 비닐은
밭을 떠나야 한다
용도폐기의 법칙에 따라
사람들도 이와 같이
제 갈 길을 가는 세상이다

가을이 오는 소리

바람에 날아온
떡갈나무 낙엽에
올겨울 소식이 묻어오고
한낮의 따스한 햇볕은
가는 여름의 찌꺼기인가
바뀌는 계절의 틈새에서
사람들은 바쁘게 살아가는데
귀뚜라미 노랫속에
가을이 오고 있음을
이제야 알겠네

물과 불과 바람에게

불은 물을 데우는 데
물은 불을 끄는 데 쓰는구나
그럼 바람은 어디에 쓰이는가
잔잔한 호수에 물결을 만들고
바다에 파도를 부르고
산불을 잘 타게도 하고
더러는 끄기도 하는구나
이렇듯 상대를 이롭게도 하고
해롭게도 하느니, 그래서
세상은 참으로 야릇하여
사는 묘미가 더한가 보다

환경오염

강 산 들 공기
처음 그때는
한없이 깨끗하였는데
어느 한 순간
오염 천지가 되고
그걸 원래대로 정화시키려면
평생 동안 고생하네
자연이 망가지기 전
사람들 스스로가
환경 파수꾼이 됐으면

벼 크는 소리

논두렁에 서면
벼 크는 소리
농부의 귀에만 들리다

모내기 한 벼가
뿌리를 내리고
곁가지를 치고 개구리 노래가
한창일 때면
힘들고 고단함도 잠시
가을이 온다

논두렁에 서면 벼 익는 소리
농부의 귀에만 들리고

쌀을 목숨으로 여기던 때도
있었는데 지금은 그렇지 않아
농부는 늘
서럽기만 하구나

벼 익는 소리

가을 논두렁에 서면
벼 익는 소리
농부의 귀에만 들린다

한 여름을 이겨낸
포기에서
벼꽃이 진 자리
첫 아기의 모유로 가득 차고

도시 사람들에겐
들리지 않는
벼 익는 소리 소곤소곤

개고개 애고개

홍천군 동면 옛 지명은 영귀미면
좌운리와 노천리를 넘나드는 고개다
높지는 않으나 가파르기가 대단한데
고개 이름이 기어지기 전
여기를 관장하는 관리가
노천리를 가보기 위해
이 고개를 오르는데
하도 애를 써 개 같은 고개라 해서
개고개라고 하나 실은
그 관리의 직함에서 지었다고도 하네
오랜 세월이 간 오늘
애고개면 어떻고 개고개면 어떤가
고개 밑 양지바른 산자락에는
내 조상님들이
고이 잠들어 있는 곳인데

구룡령과 운두령

내면에서
양양을 가는 길 중 하나가
구룡령이다

삼봉약수에서
물 한 모금 마시고
곱게 물든 은행나무 숲길 지나
명개리에 서면
오대산 뒤편에서 시작된
내린천 발원지

남쪽 자은리를 지나면
평창으로 가는 운두령이 있고
그 사이에 우뚝 선 점봉산이
내면을 굽어본다

까마귀

아침부터
조심하란다

까악 까악 까악

재수 없다고 나무라지 말자
흉한 일 생길까봐
예고하는 거란다

그가 우리에게
벌어질지 모르는 불길한 일
미리 알려주겠는가

요즘 이 얄팍한 세상에
많은 사람들이 너를 싫어해도
그나마 네가 있어
조심하게 되는구나

고구마를 캐며

가을 첫서리가 내리기 전
고구마는 캐야 한다
덩굴을 걷어내고
쪼그리고 앉아서
보이지 않는 땅속의 녹말 덩어리
호미로 살살 흙을 걷어내야 한다
조금이라도 흠집이 나면
겨울이 오기 전에
썩어버린다
사람의 몸과 마음에도
상처가 나면 저 고구마처럼
되겠지

저 앞에 산이

내 시야를 가로막는
저 앞에 산이
어제도 오늘도 우두커니 서 있네
우리의 사는 모습을 지켜보며
내일도 모레도 그후에도
저렇게 서 있겠지
계절은 세월의 장을 넘겨
한두 해 지나가는데
고달픈 삶에 지친 그대여
산 가까이 그 품에 포근히 안겨
지난날을 돌아보고
앞날을 힐긋 보며
산의 너그러운 심상을
넌지시 맞아들 보게나

대관령 옛길

대관령 아흔아홉 구비 돌 때마다
곶감 한 접 다 빼먹었다는
한양나그네의 옛 이야기를
세계의 젊은이들에게 들려준다

이제 그 고개는 터널이 뚫려
단숨에 바닷바람과 마주치고
오대양 육대주의 중심이 되어
설원을 누비는 축제의 함성이
세계를 들썩이게 하는구나

가령폭포

한창 가물 때면
물줄기가 명주 실타래 같고
장마로 물이 늘면
백여 척 높이에서 떨어지는
물기둥이 장관이어라
가는 길 험하지 않아
찾는 이 이어졌네
아홉사리고개 지나 백암산
오르는 길 칡꽃이 반겨주는 사이
바람이라도 불면
여태껏 사느라고 힘든 시간들이
폭포 물줄기에 한 방울
이슬이 된다

나비의 춤

나비는
날아만 가도
춤춘다 하고

개미는
기어만 가도
일한다 하네

이 세상은 그렇게
호락호락 하지도 않고
넉넉하지도 않아
사는 대로 살고
보는 대로 보이는 거다

화암동굴

화암동굴을 가자면
정선을 가야하고
정선을 찾으면 정선아리랑을 듣는데
그 곡조에 깃든 애절한 음율엔
고려 말 충신의 영혼이 담겨있고
세월은 흘렀어도
노래는 연연하구나
양반과 평상인이 공생하는
아라리민속촌 광장에는
아리랑 곡조가 끊이지 않는데
여름 한나절 땡볕은 화암동굴 속을
다시 찾게 하는구나
동굴 입구는 폐광된 금광이 있었는데
한참 금이 많이 날 때는
곡괭이에 금이 막 찍히는 노다지였네
광부의 모습과 잿기들을 뒤로 하고
화암동굴에 다 달으니
수천만 년 된 석순이 기암괴석을 이루고
여인이 쓰다듬으면 아들을 낳는다는
남근 모양의 석순은

윤이 반질반질 나는구나
곤드레 비빔밥으로 허기를 채우고
처량한 아리랑소리를 뒤로 하며
정선 장터를 떠났네

농심

논두렁에 서면
새록새록
벼 크는 소리
농부의 귀에만
들리고

논두렁에 서면
알록달록 벼 익는 모습
농부의 눈에만
보인다

담벼락을 헐자

집과 집 사이에
쳐놓은 담벼락을 헐어내니
그렇게 넓고 훤한 게 좋은 걸

우리들 마음속 담벼락도
진작 털어버리고
서로가 이해한다면
더 좋은 세상이 되지 않을까

집 지을 때부터
아예 울타리나 담벼락 치지 말고
정원이 아름다운 그 집
넌지시 바라보며
소통한다면
세상의 어두운 그림자
말끔히 걷어지려니

5부

여행 그 즐거움의 여정

내가 본 개성거리

땡볕이 내리쬐던
칠월의 어느 날
개성거리는 한산했다

다니는 차 하루 종일
몇 대 안 되고 사람도 뜸했다

잘 보존된 기와집 골목의
한식당 직원들은 친절하고
음식이 입에 맞는 걸 보면
우리는 한민족이 틀림없구나

역사속의 우리는
고조선과 신라 백제 · 고구려 고려와
조선과 대한제국 때는
남북이 따로 없는 나라였지

어째서 우리는 분단됐는지
알 것 같으면서도 모르겠고
통일이 될 것 같으면서도 안 되는 건
풀지 못하는 영원한 숙제인가

개성 관광 · 1
—박연폭포

황진이가 머리채로
시를 썼다는 용바위에 서서
은빛 물기둥을 본다

송도 3절의 하나인 박연폭포는
서른 길 바위 평풍 위에서
직선으로 물이 쏟아지고
그 물이 떨어진 웅덩이의 깊이
황해까지 이르렀다네

폭포의 크기로야
이보다 더 큰 것이 얼마든지 많지만
이처럼 아름다운 폭포가 또 있으랴

떨어지는 물소리
교향곡보다 더 아름답고
흐르는 물은 거울 속보다
더 맑게 보이는구나

그전부터 이 폭포 보고 간 많은 사람들
그 감흥 참지 못하고
바위마다 한 줄의 글을 새겼네

개성 관광 · 2
—선죽교

고려의 충신 정몽주가
철퇴를 맞아 흘린 핏자국이 선명한
선죽교 돌다리가
수백 년의 풍파에 시달려 앙상해 보이는구나

고려의 마지막 충절인 포은(圃隱)은
저물어가는 고려를 지키려고
온몸으로 나라를 건지려 했지만
기우는 운세는 혁명을 막지 못하고 죽으니
그 원통함이 하늘에 닿았느니

후세의 많은 선비들이
그 충절을 기리고자 사당도 세우고
공적도 기록했건만
지금은 다 어디가고 돌비석만
덩그러니 서 있구나

개성관광 · 3
–송악산

막달 찬 산모가
비스듬히 누운 자태로
개성시를 품에 안은 어머니의 산
바위와 소나무와 안개구름이
뒤섞인 회색의 저 빛
평생에 처음 찾아온
남측 손님을 누워서 맞는구나
어느 마을이나 도시의 뒷산처럼
그리 높지도 않고 낮지도 않은
알맞은 높이의 저 송악산이
고려의 멸망과 조선의 창건을
동시에 묵묵히 지켜본
그 심정 지금에야
알 수 있겠네

개성 관광 · 4
–성균관

세계에서 가장 오래됐다는
이탈리아의 어느 대학보다도
육십여 년의 역사가 더 긴
개성 성균관은
992년에 세워진 건물들이
더러는 소실되고 일부는 증개축됐지만
그 주춧돌과 석조물들은
그때의 번성함을 일러주는구나
도포자락을 휘날리며
동입서출(東入西出)하던 선비들의
발걸음이 가벼울 때
동재서재(東齋西齋) 큰방에서는
글 읽는 소리가 낭랑하고
명륜당의 대청마루에서는
스승과 제자의 학문 논쟁이
예사롭지 않은데
뒷전의 대성전 문선왕의
그 높고 깊은 학문의 가르침을
뉘를 통해 전수시켰는지
그 이행의 실천자는 눈 비비고
아무리 찾아도 보이지 않네

개성 관광 · 5
—개성공단

우선 겉모습부터가
개성시가의 건물들과 다르다

공장 내부에서야
어떤 물건들이 만들어지는지
그건 뒤의 얘기고
외형만으로도
살아 꿈틀대는 것 같다

들 가운데
칼라 지붕들이 즐비하고
새로 짓는 건물을 위해
건축장비들이 움직이는데
땅이 들썩거린다

의정부에서
시간과 거리가
얼마 안되는 개성과는
뭔가 다른 것 같다
뭘까? 무엇일까?
풀리지 않는 궁금증이
더해간다

개성 관광 · 6
–판문점을 지나며

임진강을 건너
자동차로 오 분여 만에
판문점을 넘었다

천마산 자락의
송악산과 만수산을 바라보며
개성시내를 통과했다

맑은 물이 졸졸 흐르는
실개천 위 낙타교를 건너며
황진이의 가무를 연상하는데
서경덕의 기침소리에 정신 차리리
한석봉이 썼다는
개성시 네거리의 남대문 현판이
눈에 들어온다

희끄무레한 잿빛 동일색의 시가지를
뒤로하고 넘었던 판문점을
다시 지날 때 일행들은
아무 말도 하지 않았다

금강산에서 · 1

–휴전선을 넘으며

휴전선은 따로 그어져 있지 않았다
하얀 페인트칠한 나무작대기에
빨갛게 칠해 동서로 드문드문 꽂은 곳이
휴전선의 표시란다
철책을 지나 이곳을 통과할 때
사람들의 얼굴은 상기돼 있었다
이렇게 쉽게 갈 수 있는데
여태까지 왜 못 가고 있었을까
이차선 온정리에 도착할 때까지
길 양쪽엔 연두색 철책이 쳐있고
안쪽은 임시 남측이고 밖은 북측이라네
반세기 동안 삶의 방식이 달랐기에
많은 걸 이해하면서도
초여름 땡볕에 부동자세로 서 있는
어린 북측병사의 모습에서
분단의 아픔을 다시 보는구나

금강산에서 · 2

금강산에는 산사람들이 있다

산을 깨끗이 하기 위해
등산객의 안전을 위해
물건을 팔기 위해
또 다른 그 무엇을 위해
산사람들이 요소요소에 배치해 있다

가쁜 숨을 몰아쉬며
정상에 오르면 안내조장의
친절한 미소가 환하고
여기서 만나는 사람들은 초면인데도
반갑기만 하구나

영호남과 평안도 함경도 사투리가
만물상 골바람을 타고
망향대 꼭대기에서
동해의 시원한 바람에 섞이네

필리핀 여행 · 1
–팍상한 폭포

물은 흙탕물
먹을 수는 없어도
흰 빨래가 잘되어
여인들이 강가에서 빨래를 하네

두 사람의 사공이 노를 젓는
통나무배를 타고
강물을 따라 올라간다

물이 깊어 보이는 곳에선
노를 젓고
얕은 여울을 만나면
아들 사공이 앞에서 끌고
애비 사공은 뒤에서 민다

하늘이 초승달 같이 보이는 곳
깊은 계곡엔 흐르는 물소리 뿐
강 상류가 끝나면
바위 절벽에서 물줄기가
폭탄처럼 터져나온다

여기가 바로 팍상한 폭포
대나무 뗏목을 타고
저마다 한 가지씩 소원을 빈다

필리핀 여행 · 2
–따가이 따가이 활화산

필리핀은 섬나라인데
그 섬 속에 큰 호수가 있고
그 호수 가운데 또 작은 호수가
활화산 따가이 따가이란다

잠자리 날개를 양옆에 단
쪽배를 타고 호수를 건너면
어린아이부터 노인들까지
생업도 되고 부업도 되는 마부들이
관광객들을 반긴다

난생 처음 타보는 말을
어린 마부가 몰고
가파른 산길을 오르면
섬 속의 호수 잔잔한 물가에는
모락모락 시루떡 찔 때의 김이 나고
금방이라도 터질 듯한 활화산이
숨을 가쁘게 쉬고 있다

야자열매 물로 목을 축이고

벌거벗은 상체의 마부를 따라
따가이 따가이를 떠났다

필리핀 여행 · 3
–땅부자와 걸인들

필리핀의 어느 땅부자가
국내여행을 하다가
경치 좋은 데가 있어 그곳에
별장을 짓고 싶어
땅주인이 누구인지 알아보라고
비서에게 시켰더니
그 땅주인이 바로 자신이라네
이처럼 많은 땅을 가진
땅부자들이 즐비한데
관광객이 조금만 모이는 곳이면
이 나라 구석구석 어디를 가나
구걸의 손을 내미는 아이들의 손
상류층 집안에 태어날 때는
땅문서를 입에 물고 나오고
하류층은 맨주먹으로 태어나
세상을 이렇게 산다네
이 나라 전 국민의 5%가 전 국토의
90%를 소유하고 있다는데
7천2백여 개가 넘는 섬과
그 많은 자원의 나라에

구걸하는 아이들이
언제나 없어지려나

필리핀 여행 · 4
–지프니 행렬

미군들이 버리고 간 스리쿼터와
일본에서 들여온 봉고형 폐차를 개조한
지프니란 차는
마닐라 시가지를 누비는 서민용
교통수단인데 차체 조립을
모두 수작업으로 했다네
허리를 반쯤 구부려야 탈 수 있는 공간
각종 계측기는 있으나
움직이질 않는구나
이 차 중 고급형은 스테인리스 지붕을 하고
보통급은 함석을 씌웠는데
울긋불긋한 도색의 장식품들은 똑같구나
웃통 벗은 운전수는 무엇이 그리 신나는지
연신 고갯짓하며 떠들어대고
무표정한 승객들은 이방인들에게
눈길 한 번 안 주는구나
거리를 메운 오토바이와 택시와
지프니의 행렬 앞에
이 나라의 또 한 면을 엿보게 된다

필리핀 여행 · 5
–페소 지폐의 뒷그림

필리핀의 화폐 단위는 페소인데
오백 원권 지폐 뒷면 그림에
한국을 폄하하는 그림이 있어
그 내용인즉 한국의 여인과 소년이
미군 병사에게 손을 내밀어
구걸을 하고 그 옆에 필리핀 기자가
이 장면을 지켜보는 모습이다

하기야 우리가 가난할 때
흔히 있었던 일들이지만
한 나라의 화폐 도안에 이웃나라
못살 때의 실상을 왜 그렸을까?

남의 나라 화폐 그림에
참견 할 일은 아니지만
다른 그림도 많은데 하필이면
이웃나라 어두웠던 시절을 해설과 함께
꼭 그래야만 했을까?

필리핀 여행 · 6
–태풍의 눈

필리핀 앞바다는
태풍의 눈이 생기는 곳
일 년에도 수십 차례
태풍이 일어난다네

칠천이백여 개의 섬나라
사방이 바다로 싸여
온갖 자원이 풍부하고
추운 계절도 없으며
나무열매가 많아 최소한의
굶주림을 면할 수 있는 곳
태풍이 없다면 너무 살기 좋아서
신의 시샘으로 태풍이 부나

이 지구상에는 산이 많은 나라
바다가 많은 나라가 있는데
그렇다면 나는
어떤 곳에 살고 있는 걸까

일본 여행
–후쿠오카 박물관

일본의 남쪽 후쿠오카의 박물관은
이 나라에서 네 번째로 크고
개관한 지 몇 년이 안되었다는데
그 전시물 중 상당수가 한국 것이라네
고려청자와 조선백자에는
우리 조상의 얼과 손때가
고스란히 묻어있고
백제시대의 온갖 생활물품들
국내에선 못 본 것 여기서 보니
일본 속의 한국이 아닐까?
산 깎고 터 닦아 집 지을 때
마을 어린이들 글씨를 새겨 넣어
더욱 그 뜻이 깊어 보이는구나
이곳에 전시된 수많은 보물들
출처는 어디든 간에 오래오래 보전돼
후세로 갈수록 더 이름났으면

뉴질랜드 · 1

뉴질랜드는 국토의 대부분이
초원으로 되어 있어
평야든 언덕이든 온통 풀밭이다
소 한 마리 양 한 마리가 천오백 여평의
초지에서 풀을 뜯는다
우리나라 같으면 수십 마리를 키워도
남을 면적이다
이곳은 지구의 남반구 한겨울에도
얼음이 얼지 않는 온화한 기후
초원은 계절을 타지 않는다
사백오십 여만의 작은 인구와
일억 마리의 양이 끝없이 펼쳐진 초원에서
사람과 양과 소가 한식구가 되어
살아가는데 이 지구상에서 가장
살기 좋은 자연을 가져서인지
세상 사람들이 부러워하는 땅이구나

뉴질랜드 · 2

코를 찌르는 유황냄새
바위틈을 비집고
내뿜는 물줄기
그물이 흘러간 자리에
남는 건 노란 유황가루

지붕이 없는 목욕탕
밤하늘 빛나는 별은 북반구 남반구
차이가 없구나

여럿이 함께하는 뜨거운 탕 속엔
세계 각국의 인종과 남녀가
살을 맞대고 유황물에
몸을 담근다

한 순간이나마 여기선
분쟁과 테러와 이념과 종교로
인한 다툼이 없는
지상낙원이구나

유럽 여행기 · 1

–영국 대영박물관

이곳에는
온 세계 사람들이 만든
예술작품들이
세월을 초월하여
전시되고 있는데
수천 년이 지났는데도
그대로구나
조상들이 남긴 유물로
많은 사람들을 끌어들이는데
우리는 근세의 발전 모습으로
세상 사람들을
불러와야지

유럽 여행기 · 2
–프랑스 파리에서

몽마르트 언덕을 지나
몇 백 년 몇 천 년이 넘은
칠 층짜리 벽돌건물들이 즐비한
시내 한복판 샹젤리제 거리를 지나
세느강변에 섰다
에펠탑 철 구조물 사이로
피카소의 얼굴이 아른대는데
비 온 뒤 흙탕물에 떠있는
유람선을 타고
파리의 고풍 찬란한
건물들을 바라보며
과거와 현대의 공존 속에
강물은 유유히 흐르고
나는 어느 시대에 살고 있는가

유럽 여행기 · 3
–스위스와 이태리 국경

나라와 나라 사이에
만년설이 쌓인 알프스 산맥을 두고
스위스와 이태리 국경엔
군인은 없고 교통경찰관이
혼자 지키고 있는데
다만 특별하게 다른 것은
스위스 쪽은 산악지대와 호수가 많다면
이태리의 북동쪽은
광활한 평야와 기름진 농토가 펼쳐지고
르네상스가 꽃핀
이태리의 도시 피렌체에서
미켈란젤로의 광장과 단테의
생가를 요즈음의 눈으로 봤다

유럽 여행기 · 4
–이태리 밀라노 거리

이태리의 경제중심지
밀라노 시내는
이천여 년 전에 만든 마찻길에
지금은 전차와 자동차가 달리고
시멘트나 아스팔트 대신
네모난 돌로
바닥을 깔고
대성당은 수백 년째
아직도 준공을 못보고
심층개축을 하는 중인데
대리석 벽면은 모자이크 그림과
조각 작품 수천 점이
성서 내용을 표현했네
고대건축의 상징인 고딕양식의
두오모 성당 앞에서
여행자의 오늘은
왜 고달프기만 할까

유럽 여행기 · 5
−레오나르도 다빈치 동상 앞에서

건축가이자 화가이며 정치가인
레오나르도 다빈치는
빈민가에서 태어난
천재 예술가로 늘 주변 사람들에게
시샘의 대상이 됐고
로마와 파리를 오가며
명작을 남겼는데 다만 미래의
안목 부족이었나 마찻길이
자동차길 되기에는 너무 좁아
도시정비도 못하는
난감한 일들이 생기고 있구나

유럽 여행기 · 6
—스위스 알프스 몽블랑산 앞에서

이름만 듣던
알프스 산맥 중에 하나인
스위스 몽블랑산 앞에서
산악기차를 타고
4천여 미터의 산을 오른다
짙은 안개인가 구름인가를
구분할 수 없고
종점 휴게소에서는
한국산 컵라면이 예까지 와서
팔리는구나
하산 길 산비탈에는
잔설이 젖소 뱃가죽처럼 보이고
골짜기엔 맑은 물이 넘쳐흐르는데
신이 빚은 자연의 조각 앞에서 난
숙연해질 뿐이다

임진강에서

미세먼지와
황사가 심하던 날
자전거를 타고 강둑길을
달렸다
철조망 너머 황톳빛 강물이
북에서 남으로
조용히 흐르는데
저 강물은 반백 년 전
뼈아픈 역사를
아는지 모르는지

모국과 조국 사이

제주도나 울릉도를
못 가본 사람들도
요즈음은 중국 여행을 많이 간다

국내여행에서 느끼지 못 한
야릇한 마음을 진정하면서
이국의 낯선 풍경을 보기 전에
연변 사투리의 가이드를 만난다

그들은 한결같이
조국은 중국이고
모국은 조선이란다

한국이 아닌 조선이란 말에
어색한 기분이지만
조선이든 한국이든 간에
한 핏줄 내 나라 사람이기에
모두가 환히 반긴다

북녘도 분명히 이 나라 땅인데
가고 싶어도 맘대로 못가는 곳

조국과 모국을 들먹이지 말고
내 나라 안에서 맘 내키는 대로
오가는 날이 오기는 올까

남이섬의 겨울

처음엔 섬이 아닌 육지
청평댐이 생기면서 섬이 된 곳
남이 장군은
십대에 무과에 급제하고
이십대에 병조판서에 오른
조선시대의 장수였으나
유자광의 모함으로 목숨을 잃고
이곳에 그의 묘가 돌담에 싸여있네
십만여 평이 넘는 광장에는
온갖 나무들이 하늘을 가릴 만큼
빼곡히 들어서고
겨울새들의 노래가 그치지 않네
계절이 없는 나라 동남아 여행자들이
두툼한 외투를 입고 거닐고
드라마 찍은 장소로 소문나
일본 관광객이 한류열풍을 이어가네
겨울연가의 그 아름다운 사랑이
이곳을 찾는 모든 이들의
가슴에 깊숙이 배였으면

베트남에서
—하롱베이

오십여 년 전
우리의 젊은이들이
피 흘려 싸운 곳
비행기서 바라본 도시는
다른 나라의 그 어느 도시에도
뒤지지 않는 것 같네
숲이 많은 단독 주택들이
적당한 간격을 두고 들어서 있고
비록 남루한 옷차림의
어린이들이지만
그 표정만은 웃음을
잃지 않고 있네

독도는 우리 영토

이성을 잃고 생떼를 쓰고 있는
일본인 그대들은
꿈속의 헛소리를 하고 있는가
대한민국의 고유영토인 독도를
억지로 자기들 것이라고 우기다가
세계의 분쟁지역으로 끌고 가려는
속내를 너무나 노골적으로
드러내보이는구나
그렇다면 우리는
일본 본토보다 부산이 더 가까운
대마도를 우리 것이라고 주장한다면
그대들은 어찌 생각할 텐가
말도 안 된다고 하겠지
역사를 왜곡하고 남의 땅을 탐내는
나쁜 욕심과 버릇은
아직도 여전히 계속되고 있네
우리는 그럴수록 더욱더
국토의 개념을 투철히 하고
우리 땅 우리가 지키는 힘 길러야지
동해의 저 푸른 바다여

붉게 떠오르는 태양이여
자자손손 수만 대에 이르기까지
우리는 우리의 독도를 지켜야 하겠네

마라도에서

제주도에서 남쪽으로
반시간쯤 가면 땅 끝 마을
마라도 섬이 반기는데
접시를 비스듬히 놓은 듯 기울어진
돌섬은 잔디와 억새로 덮어져 있고
샘물이 없어 빗물을 식수로 한다네
검은색 곰보바위가 땅속을 채우고
파도와 접한 곳엔 돌이 마모되어 그대로
자연의 조각공원이구나
육지의 관광객들이 줄을 서고
횟집보다 더 많은 짜장면 식당이 생겨
출출한 여행객들의 군침을 돌게 한다
마라도에 오기 전 가파도에서
이곳으로 시집왔다는 칠순의 해녀는
바다 속을 뒤져 소라와 전복을 따는데
요즈음은 수입이 별로란다
육십여 명의 주민이 살고 있는 이곳에도
절과 교회가 있어 영혼의 위로를 받고
미처 육지에서 다 버리지 못하고 안고 온
고민 보따리를 바다에 풀고
바람에 날려 보낸다

비무장 지대

반백 년이 넘었는데도
왜 이곳엔 사람의 흔적이 없는지
그 해답을 들을 수 없는 곳이
동북의 작은 나라 한 가운데
비무장 지대다
군사 분계선을 중심으로 남과 북이
서로 일정한 거리를 두고
침묵으로 지켜온 곳
오직 짐승들만이 자유롭게 살아가고
짐승보다 낫다는 사람은 안 사는구나
구호로만 끝나는 한민족 타령의 노래는
이제 그만들 하고 남이든 북이든 간에
닫힌 마음 활짝 열고 작은 눈 크게 떠서
세계로 향해 우리끼리가 아닌
다민족 세상의 한마당 축제를
이곳에서 열어보면 어떨까?